하가쿠레

葉隱

하가쿠레

葉隱

야마모토 쓰네토모 지음

이강희 옮김

사과나무

옮긴이 이강희
서울대학교 사범대학, 행정대학원 졸업.
공군사관학교 교관, 생도전대 교육과장, 공군 교재창 편찬심의실장,
교육부 국제교육과장, 국제교육원 원장, 주일 한국대사관 수석교육관,
일본국 교토 한국중고등학교장 역임.
옮긴 책으로 『그늘 속의 참모들』
『삼국지, 십팔사략에서 배우는 실패의 교훈』
『낭인 정신』『일본의 부자들』등이 있다.

하가쿠레 葉隱

개정판 1쇄 인쇄 2024년 4월 10일
개정판 1쇄 발행 2024년 4월 15일

지은이 야마모토 쓰네토모
옮긴이 이강희
펴낸곳 도서출판 사과나무
펴낸이 권정자
등록 제11-123(1996.9.30)
주소 경기 고양시 덕양구 충장로123번길 26, 301-1208
전화 (031) 978-3436
팩스 (031) 978-2835
이메일 bookpd@hanmail.net

ISBN 978-89-6726-060-6 03320

사람을 거느린다는 것은

자기 혼자만 먹어서는 안 되며

한 그릇의 밥이라도 나누어

부하에게 먹인다면 따라오게 마련이다.

차례

옮긴이의 말

현대인들에게 더욱 필요한 인간경영의 지혜

이 책의 원제는 〈하가쿠레葉隱〉로, "나무 잎그늘〔葉隱〕 초가집에서 쓴 구술서"라는 의미로 붙여진 제목이다. 언뜻 보기에는 무사도武士道에 관해 얘기하고 있지만, 일본에서는 300년 동안 수많은 사람들에게 자기 수양과 비즈니스의 텍스트처럼 읽혀오고 있는 책이다.

나는 〈하가쿠레〉를 읽어나가면서 점점 그 깊이에 빠져들어갔다. 처음엔 인간 본성의 폐부를 찌르는 듯한 불편함을 느끼며, 다음에는 너무도 시시콜콜 사무라이의 길〔道〕을 설명하는 대목에서 엄격함에 숨이 죄었고, 또 가이샤쿠介錯(할복하는 사람의 고통을 덜어주기 위해 목을 쳐줌)를 자랑스럽게 여기는 무사도에 몸을 떨었다.

그러나 곧 그 모든 행위들이 자신의 신념을 위해 죽음을 두려워하지 않는 '자기 수양'의 관점에서 해석되었고, 그 속에서 오늘날 현대인들에게 중요한 인간경영의 키워드를 찾아낼 수 있었다.

이 책의 서두에 나오는 "무사도란 죽음을 깨닫는 것이다"라는 이 한마디에 이 책의 핵심이 담겨 있다. 다시 말해서 싸움에 임한(세상사에 임한) 사람으로서의 행동의 미학, 즉 무사(현대인)는 어떻게 처신해야 하는가를 설파한 글이다. 언제든지 죽을 수 있다는 각오, 수치스런 삶보다는 깨끗이 죽겠다는 마음으로 하루하루를 살아가는 것이다.

본문 중에 "적과 맞닥뜨렸을 때 눈앞이 캄캄해지지만 조금만 마음을 진정시키면 어슴푸레한 달빛 정도의 밝기를 되찾는다"라고 한 대목이 있다. 이것을 보더라도 이 책이 단지 죽음의 미학을 말하는 것이 아니라는 것을 알 수 있다. 오히려 위급한 지경에 빠졌을 때, 죽음을 각오함으로써 탈출 방법을 가르치고 있는 것이다. 즉, 사즉생死卽生 "죽는 것이 곧 사는 것이다"라는 메시지를 전하고 있다. 이 얼마나 현대인들에게 필요한 정신무장인가.

"직무로 실패할까 걱정하는 자는 겁쟁이로 쓸모없는 자이다. 그 직무를 맡은 이상 직무상의 실패는 으레 있을 수 있는 일. 다만 가욋일이나 개인적인 행위로 실패하는 것이 욕된 일이다"라고 말하고 있다. 가령 줄타기꾼이 줄타기를 하다가 죽는 것은 수치가 아니다. 술에 취해 길바닥에 누워 있다가 차에 치여 죽는 것이 큰 수치라는 것이다.

"분별도 오래 하면 부패한다" "남에게 보내는 편지 한 통이라도 족자가 될 수 있다고 생각하고 신중히 써라" 등등 이 책 속에는 깊은 가르침을 주는 부분이 많다.

자칫 300년 전 봉건시대의 케케묵은 얘기같이 들릴지 모르지만, 단순히 봉건적인 얘기라고 치부하기엔 소중한 얘기들이 너무 많다. 마치 선각자가 후대에 가르침을 주듯, 옛 사람의 정신적 궤적이 오늘날 현대인을 성숙시키는 밑거름이 되는 것이다.

현대인의 관점에서 보면 다소 살벌한 내용도 있지만, 혼란을 겪은 후인 당시의 시대상과 명예를 목숨보다 소중하게 여기는 사무라이의 가치관을 고려한다면 이해하기 쉬울 듯하다.

그리고 낯선 인명들이 등장하는데 흘려 넘겨도 상관이 없다. 사람 이름이 중요한 것이 아니라 그 속에 담겨 있는 내용이 중요하기 때문이다.

일상에서 혼란스런 정신을 추스르고 각오를 다지고자 할 때 이 책을 가까이 두고 음미하듯 천천히 읽어주기 바란다.

원전은 총 3권, 11장의 방대한 분량이지만 핵심을 살려 발췌, 번역하였다. 고전인 관계로 우리말로 옮기기에 까다로운 부분이 많아 오랜 동안 고심하기도 했지만 국내 최초로 우리 독자들에게 소개하게 된 것을 무한한 기쁨으로 생각한다.

옮긴이 씀

| 제1장 |

무사도란…

악필인 사람도 좋은 글씨본을 본받아 열심히 연습하면
웬만큼 글씨를 쓸 수 있게 된다.
주인도 좋은 주인을 본으로 삼으면 어지간히 주인이 된다.

무사도武士道란…

무사된 자가 무사도에 전념한다는 것은 당연한 것이다. 남다르다든가 특별한 일이 아니다. 그런데도 많은 사람이 방심하고 있는 것 같다. "무사도의 근본이 무엇이라고 생각하는가"라는 물음에 서슴없이 답할 수 있는 자가 적다. 언제나 확고히 명심하고 있지 않기 때문이다. 무사도에 전념하고 있지 않다는 증거이며 방심하고 있다는 뜻이다.

무사도란 '죽음'을 깨닫는 것이다. 생生과 사死 둘 중 하나를 선택해야 한다면 죽음을 선택하면 된다. 아무것도 생각할 것 없다. 각오를 굳게 하고 돌진하라. "목적도 이루지 못하고 죽는다는 것은 개죽음이다"라는 말은 경박한 무사도이다. 삶이냐 죽음이냐 막다른 곳에 처했을 때 잘할 수 있을지 없을지 판단될 리가 없다. 인간은 사는 쪽을 좋아한다. 그러므로 좋아하는 쪽으로 핑계를 대게 마련이다.

그렇지만 목적도 이루지 못하고 살아남는다면 겁쟁이다. 목적도 이루지 못하면서 죽는다면 개죽음, 얼빠진 짓이다. 하지만 수치는 아니다. 이것이 무사도에 사는 사나이 본연의 자세다. 자나 깨나 죽음을 염두에 두고, 언제나 죽을 몸이 되어 있을 때 무사도의 각오가 몸에 배어 일생 동안 큰 탈 없이 무사로서의 책무를 다하게 되는 것이다.

무사는 오로지 주군主君을 소중히 여기는 것으로 족하다. 그것이 최상의 부하이다. 나베시마 가鍋島家 대대로 명예로운 가문에서 태어나 선조 대대의 은혜를 되새겨, 신명을 바쳐 오로지 주군의 일만을 염두에 두면 된다. 게다가 지혜와 예능이 있어 그에 상응하는 역할을 다한다면 더할 나위 없는 일이다. 그렇지만 설혹 재주가 없어 별 역할을 다하지 못하는 자라도 오로지 주군의 일만을 생각하는 마음만 있다면 믿음직한 부하다. 마음이 아닌 지혜, 예능만으로써 섬기는 자는 한 단계 아래인 것이다.

태어나면서부터 바로 지혜를 발휘하는 사람도 있다. 나중에 베개를 쥐어짜듯 고심 끝에 지혜를 내는 사람도 있다. 그 근본을 따져보면, 태어날 때부터 우열이 있지만, 그 타고난 것을 딛고 넘어서기 위해서는 미련없이 사심을 버릴 때 훌륭한 생각이 떠오르는 것이다. 대다수의 사람이 단지 깊이 생각만 하면 뛰어난 양책良策이 떠오르는 것으로 알고 있는데 사심이 낀 아이디어는 나쁜 지혜이다. 보통 사람이 사심을 버린다는 것은 어려운 일이다. 하지만 무슨 일에 직면하면 우선 맨 먼저 가슴속에서 사심을 버리고 궁리하면 그다지 큰 잘못을 저지르지는 않는다.

자기 한 사람의 지혜로써 만사를 꾀하면 이기적으로 흐르기 쉽고, 정도正道에서 벗어나 실패한다. 곁에서 보기에도 그 판단은 설득력이 없고 제멋대로인 데다 발전성이 없다. 적절한 판단이 떠오르지 않을 때에는 지혜로운 사람과 상의하는 게 좋다. 그 사람은 자기 일이 아니기 때문에 객관적인 입장에서 생각할 것이므로 공정한 판단을 내릴 수 있을 것이다. 그 판단에 따른다면 제3자에게도 공정하게 비쳐질 것이다. 여러 사람의 지혜를 모은 판단은 많은 뿌리를 뻗친 큰 나무와 같다. 한 사람의 지혜에서 나온 판단이란 땅 위에 찔러놓은 막대기와 같은 것이다.

옛 사람의 격언이나 업적에 관한 얘기를 새겨듣는 것은 그들의 지혜를 배워 이기적으로 빠지지 않기 위해서이다. 자기의 좁은 소견을 버리고 옛사람의 뛰어난 격언을 참고로 하여 남들과 얘기를 나누곤 한다면, 나아가고 물러섬에 있어 그르치는 일이 없을 것이다. 가쓰시게공勝茂公은 아버님이신 나오시게공直茂公의 지혜를 빌렸다고 한다. 또 어떤 이는 아우들을 부하로 삼아 에도江戶나 가미가타上方 등 대도시에 근무차 나갈 때에도 꼭 대동하여 공·사 모두를 아우들과 상의해서 일을 처리했기 때문에 큰 잘못을 저지르지 않았다고 한다.

사가라 큐마相良求馬는 몸을 바쳐 주군을 섬겼던 무사다. 일당천一當千의 무사라 해야 할 것이다. 어느 해 사쿄左京나리(가쓰시게의 열번째 아들)의 저택에서 평의회가 열려 큐마의 셋푸쿠切腹(하명에 의한 할복을 뜻함)가 결의되었다.

그 무렵 오사키大崎에 있는 다쿠누이多久逢 나리의 시모下 저택에 3층 구조의 찻집이 있었는데 큐마가 그 찻집을 빌려 사가佐賀(큐슈지방의 사가현)의 건달들을 모아 놓고 꼭두각시 놀이꾼을 불러들이고 연일 밤낮 술자리를 벌여 시끄럽게 판을 벌였다.

그 찻집에서 사쿄 나리의 저택이 내려다보이므로 불경스럽기 그지없었을 터. 그렇지만 이것은 큐마에게 깊은 뜻이 있어서 그랬던 것이다. 공신에게 할복을 명하는 주군의 허물을 덮어주기 위해 일부러 죄를 만들어서 배를 가를 각오였던 것이다. 얼마나 멋진, 훌륭한 무사가 아닌가.

좋은 일이든 궂은 일이든 주군을 따라 모든 것을 맡기고 몸을 던져 섬기는 부하가 있다면 걱정할 것 없다. 그런 부하가 두세 명만 있어도 가家는 활기가 넘치는 것이다. 오랜동안 세상을 보고 있노라면, 잘 나갈 때에는 지혜, 분별, 예의를 갖춰 주군에게 충성을 다하겠다고 날뛰며 자만하는 얼간이가 많다. 그런데 주군이 은거당하거나 혹, 돌아가시기라도 하면 그 즉시 등을 돌려 새로운 권세를 쥔 자에게 빌붙으려고 하는 자가 많다. 그런 자를 여러 명 봤다. 생각만 해도 속이 느글거린다.

지위가 높거나 낮은 자 그리고 지혜있는 자, 기예가 출중한 자 모두 자기야말로 주군에게 쓸모있는 체하지만, 정작 주군을 위해 목숨을 버려야만 될 때가 되면 허릿심이 빠져서 몸을 가누지 못하게 된다. 시원스런 자는 전혀 보이지 않는다. 오히려 평소에는 아무런 구실도 못하는 것처럼 보이는 자가 일단 유사시에는 용사가 되기도 하는데 그것은 전부터 결사적으로 주군을 섬기며, 주군과 일심동체의 경지에 있기 때문이다.

미쓰시게공光茂公의 서거 때 그 예가 있다. 평소 그럴듯한 말로 떠들며 목에 힘주고 잘난 체하던 무리들이 주군의 타계와 동시에 등을 돌리고 말았다. 주종主從의 의리라든가 믿음을 중히 여기는 마음을 저 먼 옛일처럼 생각하는 자도 있을는지 모르지만, 실은 가깝고도 간단한 일이다. 바로 지금 주군을 위해 죽는다고 결심한다면 그것으로 시원스럽게 믿고 의지할 수 있는 부하가 생기는 것이다.

누구에게 의견을 말하여 그 결점을 고치게 한다는 것은 중요한 일로서, 큰 자비심을 나타내는 것일 뿐 아니라 섬기는 일의 첫째이기도 하다. 그러나 그 충고하는 방법이 대단히 어렵다. 타인의 잘잘못을 찾아내는 것은 쉽다. 그것을 비판하는 것도 쉽다. 대다수의 사람들은 남이 싫어하거나, 말하기 힘든 것을 말하는 것이 친절이라고 생각하며, 그것을 받아들이지 않으면 어쩔 수 없다고 한다. 하지만 그것은 아무런 도움이 되지 않을 뿐더러 남에게 창피를 주고 욕을 한 것과 마찬가지다.

남에게 의견을 말하려면 그 사람이 받아들일지, 않을지 그의 성격을 잘 살피지 않으면 안 된다. 친해져서 이쪽의 말을 신뢰할 만한 상태에 이르게 한 다음, 취미 등에 관한 얘기로 호감을 산 뒤 말씨도 여러모로 연구하고 적절한 시기를 택하여 어떤 때에는 편지로 또 어떤 경우에는 잠시 헤어지는 기회에 자기의 결점이나 실패담을 들려주며 직접적으로 말하지 말고 넌지시 생각이 떠올라 말하는 것처럼 하는 것이 좋다.

또 상대의 장점을 치켜주어 기분을 북돋우도록 궁리하고 목 마를 때 물을 마시듯 받아들이게 하여 결점을 고치는 것이 진정한 충고이다. 이와 같이 충고란 매우 어렵고 하기 힘든 것이다. 약점이

나 결점은 오랜 세월 몸에 밴 것이기 때문에 쉽게 고쳐지는 것이 아니다.

어느 사내가 낭인이 된 뒤에 깊이 자기의 잘못을 알고 있었기 때문에 5,6년째에 귀참歸參(파직된 무사가 다시 복직됨)토록 허가 받았을 때 처음엔 사절했었다. 두번째에는 그것을 받아들이고 서약서를 제출했다. 최초 거절 때 두번 다시 귀참하지 말든가 삭발하고 출가했더라면 훌륭했다는 말을 들었을 것이다. 그와 같이 낭인으로서 자기의 잘못을 깨닫지 못하는 동안은 귀참이 이루어지지 않을 것이다. 아직까지도 누가 밉다느니, 주군이 무정하다고만 원망을 하고 있으면 더욱 천벌을 받게 되는 것이다. 어떤 자는 낭인 당했을 때 벌을 받았다고 한다. 그런 자를 남들은 놓치지 않는 법이다. "죄는 다름 아닌 자신에게 있는 것이다"라고 고쳐 생각하고 겸허히 지내는 것이 좋을 것이다. 그리하면 귀참도 머지 않아 이루어지겠지 라고.

내가 사와베 히라사에몬澤邊平左衛門을 가이샤쿠介錯(할복한 사람의 고통을 덜어주기 위해 목을 쳐주는 것)했을 때, 에도에서 나카노 가즈마中野數馬가 칭찬의 편지를 보내왔는데 "가문의 명예를 드높였다"는 과장된 내용이었다. 가이샤쿠한 것쯤으로 좀 지나친 것이 아닌가 그때에는 그런 생각이 들었었다. 그후 잘 생각해보니 노회한 방식이라고 이해했다.

젊은 사람이 설령 조그마한 일일지라도 무사다운 일을 다했을 때에는 칭찬해 줌으로써 기분을 북돋우어, 격려해주려는 뜻이 틀림없이 담겨 있었던 것 같다. 나카노 쇼간中野將監으로부터도 바로 칭찬의 서한이 왔었다. 이 두 통의 편지 모두 보존해 두었다. 야마모토 고로사에몬山本五郎左衛門에게서는 포상조로 안장과 갑옷을 보내왔었다.

뭇사람들 앞에서 하품을 하는 따위는 무례하기 그지없는 짓이다. 뜻하지 않게 하품이 나오려고 하면 손으로 이마를 쓸어올리면 멈춘다. 그렇지 않으면 혀로 입술을 핥아 입을 벌리지 않거나 또는 옷깃의 안자락으로 가리는 등 남의 눈에 띄지 않도록 해야 할 것이다. 재채기도 마찬가지다. 어쩐지 바보스럽게 보인다. 이 밖에도 매사에 몸가짐에 신경을 써야 할 것이다.

사서원四誓願(무사로서 지켜야 될 네 가지 서약)의 연마법. 첫째, 무사도에 있어서 뒤처지지 말아야 한다는 것. 즉, 천하에 무용을 떨쳐야 한다는 각오를 가질 것. 둘째, 주군을 위해 역할을 다할 것. 이것은 가로家老의 자리에 앉아 주군을 보필하여 나라를 다스리는 것.

셋째, 어버이에게 효행을 다할 것. 효는 충忠에 따르는 것이므로, 효와 충은 같은 것이며 충을 행하면 효가 된다. 넷째, 큰 자비를 일으켜 남에게 유익해야 한다는 것. 이것은 진정한 무사는 주군을 위해 역할을 다하는 인간으로 기르는 것이다.

술자리는 엄격하지 않으면 안 된다. 유심히 보고 있노라면 대다수가 마시기만 한다. 술이란 뒤끝을 깨끗하게 함으로써 비로소 술인 것이다. 그점에 주의하지 않으면 인간이 천해 보인다. 대개 술 마시는 것을 보면 그 인물의 사람됨을 짐작할 수 있다. 술자리도 공적인 자리임을 명심할 것이다.

누군가 한때 시끄럽게 검약을 부르짖었는데 그다지 좋은 일이 아니다. 물이 너무 맑으면 고기가 살지 못한다는 말이 있다. 수조水藻가 있기에 고기는 그 뒤에 숨어 살아갈 수 있는 것이다. 사소한 일은 못 본 척, 못 들은 척 흘려버려야 아랫사람들이 안심하고 살아갈 수 있게 된다. 사람의 품행에 대해서도 이러한 배려가 필요하다.

매일 아침 망배望拜하는 방식은 첫째가 주군에게, 다음이 어버이 그리고 고장의 수호신, 부처 순으로 하는 것이다. 주군만이라도 소중히 모시고 있으면 어버이께서도 기뻐하시고 신이나 부처도 그 뜻을 받아들인다. 무사는 주군을 챙기는 것 외에는 아무것도 생각하지 않아도 된다. 그런 기분이 충만해 있으면 그 마음이 언제나 주군의 신변 구석구석까지 미치게 된다.

요즈음의 부하 무리들을 보건대 눈길이 아주 낮다. 마치 소매치기의 눈 같다. 아마도 제 몸을 위해 사리사욕을 따져서 그러든가 잔재주를 부리기 때문일 것이다. 또 어느 정도 담이 차 있는 것처럼 보이지만 그냥 외양뿐인 허세다. 내 몸을 주군에게 내맡긴 채, 살아 있으면서도 죽은 몸이 되어 자나깨나 주군을 소중히 생각하며 빈틈없이 직무를 다하여 나라를 튼튼하게 하는데 관심을 두어야만 부하라고 할 수 있는 것이다. 이 결심에는 상하의 구별이 있을 턱이 없다. 이쯤에서 확고히 좌정하여 설혹 부처나 신의 권유가 있을지라도 흔들리지 않도록 각오하지 않으면 안 된다.

어떤 사람에게서 들은 말이다. 마쓰구마사키松隈前의 교안亨庵이 말씀하시기를 "의학에서는 남녀를 음·양에 맞추고 치료에도 구별해야 하며 맥에도 차이가 있었다. 그런데 최근 50년 사이 남자의 맥이 여자와 같아져 버렸다. 이것을 알게 된 뒤부터는 눈병을 치료할 때 남자의 눈도 여자의 눈과 같은 치료를 해도 된다는 것을 알았다. 남자에게 남자의 치료를 해봤자 별로 효과가 없다. 그러고 보니 세상이 말세가 되어 남자의 기력이 쇠해 여자처럼 돼버리고 말았다는 생각이 든다. 이것은 실제 진료를 해서 터득한 것이기에 비전秘傳으로 삼고 있다"고 했다.

이 말을 듣고 요즘 사내들을 보니까 과연 여맥女脈이 틀림없구나 하는 생각이 드는 남자가 많다. "과연 남자답다"라는 느낌이 드는 사람이 적다. 그런 만큼 더더욱, 지금은 조금만 힘을 쓰면 손쉽게 남을 앞지를 수 있을 터이다.

그리고 또 사내들에게 용기가 빠졌다는 증거로, 불의를 보고 선뜻 나서는 자가 적거니와 하물며 가이샤쿠 따위를 부탁 받았을 때 교묘히 거절하는 자를 영리한 사람, 마음씀이 어진 사람이라고 치켜주기도 하는 시대가 돼버렸다.

4~50년 전에는 '허벅지 찌르기'라고 해서, 허벅지에 단도를 찔러 꽂아 담력을 기르는 것쯤은 사내라면 누구나 하는 것으로 생각하고, 상처 없는 허벅지는 수치로 여겨 남 앞에 내보이지도 못할 정도였다. 때문에 혼자서 허벅지 찌르기를 하기도 했다. 사내들이 하는 일이란 피비린내 나는 것들이다. 그것을 요즈음은 바보니 멍청이니 하면서, 입에 발린 말로 요령껏 속여, 기골이 찬 일이라면 피해 나간다.

요즘의 젊은 놈들도 조금은 생각해 주었으면 하는 바람이다.

60세, 70세까지 봉직하는 사람도 있는데 나는 42세에 출가해 버렸으니 생각컨대 짧은 인생이었다. 그렇다 치더라도 고마운 일이라고 생각하고 있다. 그때 죽은 몸이라 마음먹고 순사殉死 대신 출가를 했었는데, 만약 오늘까지 근무하고 있었더라면 참으로 고생이 얼마나 컸을까 하는 생각이 든다. 오늘까지 14년간 안락하게 살아온 것은 뜻하지 않은 행복이다.

그뿐만 아니라 사람들은 나를 뛰어난 사람으로 보고 정중한 대접을 해주었다. 내 가슴에 손을 얹고 깊이 자문컨대 잘도 그렇게 변신했었다는 생각이 든다. 사람들이 친절히 대해 주어서 황송하기도 하지만 천벌을 받지 않을까 걱정스러울 정도다.

단넨湛然 스님이 말씀하기를 "무념무심無念無心이라고만 가르치기 때문에 이해를 못하는 것이다. 무념이란 바른 생각이다"라고 했다. 재미있는 말이다.

산조니시 사네노리三條西實教경도 "한 호흡중에도 사념邪念을 품지 않는 것이 도道이다"라고 말했다. 생각(念)이 없는 것이 아니다. 바르게 생각하는 것, 순간이라도 사악한 생각을 갖지 않을 것… 그리하면 도는 하나이다. 이 눈부신 도리를 이해할 수 있는 사람이 없는 것이다. 꾸밈 없는 순수의 경지에 선다는 것은 수행을 쌓지 않으면 이룰 수 없는 것이다.

"스스로의 마음에게 묻는다면, 뭐라 답하리오"라는 구절만큼 심오한 것도 없다. 아마도 화두話頭 같은 것이 아닐까. 누구나 잘 알고 있다. 요즘 세상의 영리하다는 말을 듣는 자들은 지식과 지혜로 겉모양을 치장해 속임수만 쓰고 있을 뿐이다. 그 때문에 오히려 재주가 없는 자들에게 뒤처지고 만다. 재주가 없는 사람은 재간으로 속이지 못한다.

위의 구절대로 스스로의 마음에게 묻는다면 자기 마음은 감출 길이 없을 것이다. 자기 자신이야말로 가장 좋은 감시자이다. 이 감시자와 맞닥뜨려 부끄럽지 않은 마음가짐을 지녔으면 한다.

불의不義를 증오하고 정의를 사랑한다는 것은 어려운 일이다. 그렇다고 정의로 일관하는 것이 최상이라고 생각하고, 외곬으로 정의를 밀어붙이면 오히려 잘못되는 경우가 많다. 정의 위에 도道라는 것이 있다. 이것을 깨닫는 것은 쉬운 일이 아니어서 비범인非凡人이 아니면 깨달을 수 없다. 도의 경지에서 본다면 정의도 한 단계 격이 떨어진다. 이것은 자기 스스로 깨닫지 않는 한 모르는 일이다.

하지만 스스로 깨닫지 못한다고 해서 그 경지에 이를 수 없는 것은 아니다. 남과 대화를 나누는 것이다. 비록 도에 이르지 못한 사람이라도 달리 보이는 것이다. 즉 제3자의 입장, 바둑으로 친다면 강목8목岡目八目이다. 깊이 사려해서 자기의 그릇된 점을 안다는 면에서 대화보다 더 좋은 방법은 없다. 여러 가지 얘기를 들어서 알게 되는 것, 책을 읽어 지식을 얻는 것도 자기의 독선적인 생각을 털어버리고 옛 사람의 객관적인 생각을 받아들이기 위해서인 것이다.

검술의 달인이 노후에 한 말.

"인간의 수업에는 단계가 있다. 수업 초기에는 제구실 할 만한 것이 못되며, 자기도 서투르다고 생각하고 남도 그렇게 본다. 이 단계로는 아직 쓸모가 없다. 중간 단계는 아직 쓸모는 없지만 자기의 서툰 것도 알고 남의 불충분함도 알게 된다. 높은 단계에 이르면 모든 것을 터득해서 자만도 할 수 있으며 남이 칭찬해 주면 기뻐하고 타인의 불충분을 개탄한다. 이렇게 되면 쓸모가 있다. 그 위로 또 최상이 되면 모르는 척하고 있다. 그리고 남도 상수라는 것을 알아볼 수 있게 된다. 대개가 이 단계에 그친다.

그러나 그 위로 한 단계 더 뛰어오르면 말로 표현할 수 없는 경지가 펼쳐진다. 그 길은 깊이 들어가면 들어갈수록 드디어 끝이 없는 무한한 세계임을 알고, 이것으로 됐다는 생각도 할 수 없게 된다. 자기의 불충분함을 잘 알고 있으면서 평생 이것으로 완성했다는 생각도 없어지고, 자만심도 일지 않으며 남을 비하하려는 마음도 없이, 오직 나아가는 길인 것이다. 야규柳生님은, 남에게 이기는 길은 모르고 자기를 이기는 길을 터득했다고 말씀하셨다 한다. 오늘은 어제보다, 내일은 오늘보다 더 잘하게 되도록 힘써, 일생을 하루하루 다듬어나가는 것이 도이며, 이것은 끝이 없는 세계이다."

나오시게공이 쓴 족자에 "큰 일〔大事〕의 생각은 가볍게 할 것"이라는 글이 있다. 거기에 잇테이一鼎(쓰네토모의 스승) 선생이 대구를 달아 "작은 일〔小事〕의 생각은 중히 할 것"이라고 했다.

큰 일이라는 것은 고작해야 2~3개 정도밖에 없는 것 아닌가. 그렇다면 끊임없이 염두에 두기만 하면 되는 일이다. 그러니까 일에 앞서 생각해 두었다가 큰 일이 닥치면 신속히 처리하면 되는 것이라고 생각한다. 그런데 평소 각오가 되어 있지 않기 때문에 막상 일이 닥쳤을 때 간단한 판단도 못한대서야 적절한 조치가 안 되는 것이다.

그렇다면 미리 미리 큰 각오를 해두는 것이 "큰 일의 생각은 가볍게 할 것"이라고 말씀하신 정신이라고 생각된다.

어떤 사람이 오사카에서의 근무를 마치고 돌아와 번청藩廳에 출근했는데 대도시 말씨를 썼기 때문에 모두 비위가 상해 웃음거리가 되었다. 그에 결부시켜 생각컨대 에도(도쿄의 옛 지명)나 대도시에 오랫동안 출장가 있을 때에도 변함없이 제 고향 말을 써야 한다. 공연히 에도풍에 물들어 제 고장 방식이 촌스럽다고 얕보고 타국의 것이 좀 그럴듯하면 그것을 부러워하고 이러쿵저러쿵 하는 것은 한심스런 바보짓이다. 우리 영국領國은 촌티가 나면서도 소박한 것이 자랑거리다. 타국 풍을 흉내내면 가짜인 것이다.

어떤 사람이 슌가쿠春岳 스님에게,

"법화法華종은 고집에 세서 좋지 않아"라고 말하자,

"고집이 세기에 법화종이지. 그렇지 않으면 다른 종宗이 돼 버려"라고 대답했다 한다.

지당한 말씀이 아닌가.

어떤 사람의 승진 청문회에서 예전에 폭음을 하고 난동을 부린 적이 있다는 이유로 승진 유보가 결의될 찰나에 그 자리에 참석한 한 사람이 발언하고 나섰다.

"한번의 잘못으로 버림을 받는대서야 인물이 키워지겠습니까. 한 번 잘못을 저지른 사람은 그것을 후회하고 있을 것이므로 오히려 근신하여 주군을 위해 보람있는 일을 할 수 있으리라 생각됩니다. 아무쪼록 승진을 윤허하옵소서."

"귀관, 그 자를 책임질 수 있겠소." 다른 한 사람이 말했다.

"분명히 이 사람이 보증합니다."

"어떤 이유로 보증한다는 말씀이오?"라고 다른 사람들도 물어왔다.

"한번 잘못을 저지른 사람이기 때문에 보증하는 것입니다. 한번도 실수를 저지르지 않은 사람은 오히려 위태롭다고 생각합니다"라고 대답했다. 때문에 그 사람의 승진이 결정되었다고 한다.

나카노 가즈마中野數馬는 죄인의 죄과罪科 심의 자리에서 제일 먼저 발언하곤 했으며 게다가 적용될 죄과보다 한 단계 가볍게 구형했다. 당대에 "이 사람이니까…"라는 말을 들었던 지혜다. 그 당시에는 여러 출석자 중에서 가즈마 외에 먼저 입을 여는 사람이 없었다. 그래서 된장과 간장을 담글 때 25일째가 되어야 비로소 뚜껑을 여는 것을 빗대어 가즈마를 '25일 나리'라고 불렀다 한다.

옛날에는 칼을 허리에 찰 때 날밑(칼날과 칼자루 사이에 끼워서 손을 보호하는 테)이 허리띠에 닿을 정도로 깊이 꽂는 것이 관례였다. 요즘에는 칼 꽂는 법을 놓고 왈가왈부하는 사람도 없어졌다. 야규류柳生流에서는 깊이 꽂지 않고 앞으로 튀어나오게 꽂는 방식을 쓰고 있다 한다. 요즘 무사들은 그 얕게 꽂는 식을 배운 일도 없거니와 아무 생각 없이 단지 모양새만 보고 배워 그렇게 꽂고 다니는 것 같다.

나오시게공도, 가쓰시게공도 깊이 꽂는 식이었다고 한다. 그 시대에 솜씨 좋은 사람들은 모두 이 방식이었음을 감안컨대 이 편이 유리했기 때문일 것이다. 게다가 얕게 꽂는 식으로는 갑자기 강탈당할 우려가 있다. 미쓰시게공은 가쓰시게공의 분부대로 깊이 꽂는 식을 하고 있었다.

어떤 사람은 싸움의 보복을 안 했기 때문에 창피를 샀다. 보복은 그냥 돌입해서 칼 맞아 죽게 되면 죽는 것으로 족하다. 이것은 수치가 아닌 것이다. 상대를 이겨야만 된다고 생각하기 때문에 때를 놓치게 되고, 또 저쪽은 수가 많으니 우리 편을 모으는 동안에 시간이 흘러 김이 빠져서 그만둘까 말까 망설이게 된다. 상대가 몇 천명이든 한쪽에서부터 닥치는 대로 칼로 칠 각오로 맞서 나가면 된다. 의외로 그렇게 해서 목적을 달성하기도 한다.

아사노 가淺野家 낭인의 기라吉良저택 습격(1702년에 있었던 주신구라〔忠臣蔵〕를 말함) 때, 센기쿠사泉岳寺에서 할복하지 않았던 것은 잘못이다. 그리고 주군이 죽음을 당한 뒤 적을 칠 때까지 시간이 너무 많이 걸렸다. 만약 그 동안에 상대가 병사病死라도 했더라면 분하기 그지없는 일이다.

이러한 비판은 조심스런 것인데, 이것도 무사도를 논함에 있어서 사례가 되기 때문에 예로 들었다. 남의 말을 듣고 이야기책을 읽는 것도 미리 미리 각오를 다지기 위해서이다. 특히 무사도에 있어서는, 언제 어떤 일이 일어날지 모른다고 생각하고 밤낮 탄탄히 써서 꼼꼼히 생각해 두어야 한다. 승패는 그때 그때의 운이다. 수치를 사지 않도록 하는 것과는 별개다. 각오가 있으면 된다. 그 자리에서 지면 바로 앙갚음해라. 이것은 지혜도 기법도 필요치 않다. "보통이 아니다"라는 말을 듣는 놈이면 승패를 아랑곳하지 않고 마구 죽기 살기로 몸부림칠 뿐일 것이다. 거기에서 망설임도 사라지게 되겠지.

부하들이 실패하는 원인이 하나 있다. 그것은 부귀를 소망하는 것이다. 빈곤을 기꺼이 받아들이면 실패할 일이 없다.

또 어떤 사내는 머리는 좋았지만 남의 결점이 눈에 거슬리는 성격이다. 그래서는 무슨 일이 잘될 리 만무하다. 세상을 결점투성이라고 아예 각오하고 있지 않으면, 아마 인상만 나빠져서 사람들이 가까이 하지 않을 것이다. 남이 친하게 대해주지 않으면 제 아무리 우수한 사람일지라도 자기의 실력을 발휘할 수 없을 것이다. 이것도 실패하는 원인의 하나다.

"누구누구는 다부진 놈이야. 어떤 어른 앞인데도 배짱있는 소리를 함부로 해치웠어"라는 말을 들었다. 그것은 분수 넘치는 소리다. 튀는 놈이라는 칭찬을 듣고 싶었던 것이다. 격이 떨어지고 아직 유치한 녀석으로 보인다.

사무라이는 무엇보다 예의가 발라야 훌륭한 것이다. 그 사내와 같은 말씨는 비천한 하인치나 하는 짓이다.

저택이나 가구 및 살림살이 도구류 등 분수에 안 맞는 것을 갖고 싶어하는 자가 많다. 부채, 휴지, 용지, 침구 등은 좀 좋은 것을 가져도 되지만 어떻든 분수에 맞는 것이라야 한다.

한가지 견해를 고집하는 것은 좋지 않다. 노력 끝에 터득한 견해를 가지고, 그것으로 일이 다 되었다고 생각하고 있으면 잘못이다. 노력해서 본질을 파악하고 그것이 훌륭하게 결실 맺도록 일생을 걸고 수업해야 한다.

하나의 견해를 터득했다고 해서 그것으로 도에 합당하리라는 따위는 생각조차 할 수 없는 일이다. 아직 불충분하지는 않는지, 더 좋은 해결책이 없는지 살펴서 어찌하면 참다운 도에 합당할 수 있을까를 일생 동안 추구하는 것이다. 안주하며 제자리걸음하지 않고 수업하고 있는 동안에 참다운 도리를 찾아내는 것이다.

내 아버지 야마모토 진에몬山本神右衛門이 평소에 말씀하시던 것을 써두었는데 그 중 몇 가지를 들겠다.

1. 일방一方을 보면 팔방八方이 보인다.(일법一法은, 만법萬法에 통한다)

2. 억지 웃음을 짓는 자는, 남자라면 비열한卑劣漢이요, 여자라면

음란이다.

3. 말이나 얘기를 할 때에는 상대방과 눈을 맞춰라. 절은 처음 한 번만으로 된다. 고개를 숙이고 말하는 것은 주의를 소홀하게 된다.

4. 하카마(치마처럼 생긴 일본 남자의 하의) 밑에 손을 넣고 있는 것은 주의 소홀이다.(깜짝할 사이에 칼을 뽑을 수 없다)

5. 소시草紙(이야기 책)나 서책을 보고 있으면 가차없이 태워버렸었다. 서책을 보는 것은 공경公卿님들의 할 일. 나카노中野 일문은 느티나무를 붙들고 무도를 다하는 역이라고 꾸지람을 들었었다.(쓰네토모의 아버지는 나카노 가에서 야마모토 가의 양자로 들어갔다)

6. 조組에도 끼지 못하고 말도 못 가진 사무라이는 사무라이가 아니다.

7. 기개가 굳센 놈은 신뢰할 수 있는 사람이다.

8. 아침 4시에 기상해서 목욕재계하고, 머리를 빗었으며, 일출 때 식사를 마치고 해가 지면 쉬셨다.

9. 무사는 먹지 않고도 빈 이쑤시개질을 한다. 속은 개가죽, 겉은 호랑이 가죽.

"사람으로서 가장 마음을 써서 배워야 할 것이 무엇일까"라고 묻는다면, 뭐라고 대답하면 좋은가. 먼저 말할 수 있는 것은 한순간, 한순간 죽음을 눈앞에 둔 것처럼 골똘히 생각하는 것이다.

일반적으로 마음이 가다듬어지지 않은 것처럼 보이지만, 활기찬 얼굴이란 죽음을 골똘히 생각하고 있을 때의 얼굴이다. 그래서 여러 가지 일에 종사하는 동안 가슴 깊은 곳에 굳혀지는 것이 있다. 이것이 주군에 대해서는 충이요, 어버이에게는 효, 무사도에서는 용勇인 것이며 그밖에 모든 도道에 통하는 것이다. 이것을 깨닫는 것은 어렵다. 깨달아도 항상 간직한다는 것은 더욱 어렵다. 그러므로 바로 지금, 매순간 죽음에 직면하는 마음가짐으로 있을 수밖에 없다.

50~60년 전까지만 해도 무사는 매일 아침 목욕재계하고, 사카야키月代(이마에서 머리 한가운데까지 머리털을 깎음)를 하고, 머리에 기름을 바르며, 손톱과 발톱을 깎아 가벼운 돌로 문질러 닦는 등 게으르지 않게 옷차림을 단정히 했다. 물론 갑옷과 투구는 녹슬지 않게 하고 먼지를 털어 손질해 두었던 것이다.

옷차림에 신경을 썼던 것은 멋부림처럼 보이지만 풍류를 좇자는 것이 아니고 오늘 전사戰死할지 내일 전사할지도 모르는 필사적인 각오를 가지고 있었기 때문이다. 만약 지저분한 꼴로 전사한다면 평상시의 각오를 의심받아 적에게 멸시당할 것이기에, 늙은이 젊은이 불문하고 옷차림을 단정히 했던 것이다. 까다롭고 귀찮게 보이지만 무사의 책무는 그런 것이었다. 별로 바쁘거나 손이 가고 시간이 걸리는 것도 아니다.

앉았을 때나 누워 있을 때나 항상 싸워서 죽는다는 각오를 단단히 하고, 죽은 몸이 되어서 소임을 다하며 하루 일과로써 무도의 단련을 하고 있으면 부끄럼을 사는 일은 없을 것이다.

오늘날의 사무라이들은 이런 것들을 꿈에도 생각하려 하지도 않고, 이득을 취하는데 망설이지 않으며, 무슨 일이든 창피를 사고도 부끄러워할 줄 모르고, 자기만 좋으면 수치나 소문도 개의치 않고 제멋대로 굴고 버릇없이 타락해가는 것은 거듭거듭 유감스럽기 그지없는 일이다. 미리 죽을 각오를 하고 있었다면 어찌 부끄러운 짓을 할 수 있었겠는가. 이런 점 깊이 깊이 생각하지 않으면 안 된다.

또 30년 남짓한 사이에 기풍이 변해버려 젊은 사무라이들의 잡담에서는 돈에 관한 얘기, 손익 계산, 가계 꾸리는 얘기, 의복의 값에 관한 거며 색정色情 이야기뿐이라서 그런 얘기가 아니면 신이 나지 않는다는 말이다. 어쩌다 이상한 세상이 돼 버렸다. 옛날에는 20~30세가 될 때까지 원래 정사情事에 대해서 비천하다는 생각을 갖고 있었기 때문에 입에 올리지도 않았었다. 나이깨나 든 사람이 자기도 모르게 그것을 흘리거나 하게 되면 아차 하고 후회했었다.

이것은 세상이 호사스러워져서 생계만을 중히 여기기 때문이다. 분에 넘치는 사치만 안 한다면 걸맞게 생활해 나갈 수 있을 텐데. 요즘 젊은이들이 절약가를 능력있는 사람이라고 칭찬하는 것은 기가 막힐 일이다. 절약꾼은 자칫 의리를 소홀히 한다. 의리가 없는 자는 철면피이다.

잇테이 선생의 말이다.

악필인 사람도 좋은 글씨본을 본받아 열심히 연습하면 웬만큼 글씨를 쓸 수 있게 된다. 주인도 좋은 주인을 본으로 삼으면 어지간한 주인이 되는 것이다. 요즘 세상에 좋은 주인이란 썩 흔치 않다. 그러므로 본을 찾아서 따라 배우면 된다. 본을 만드는 법은 예의범절은 누구, 용기는 누구, 말씨는 어떤 사람, 품행 바르기로는 누구, 의리 면에서는 어떤 사람, 단념과 결단이 빠르기는 누구 하는 식으로 많은 사람들 중에서 이것이 제일의 장점이라고 생각되는 것을 가지고 있는 사람의 좋은 점만 고르면 본이 된다.

모든 예능도 제자들이 스승의 좋은 점을 본받지 못하고, 나쁜 버릇을 보고 따라 흉내내는 사람뿐인지라 아무런 쓸모가 없는 것이다. 예의 바른 사람 중에서도 다른 면이 부실한 자가 있다. 이를 본받으려 할 때 아마도 예의 쪽은 제쳐놓고 부실한 면만을 흉내낼 것이다. 좋은 점에 주의하면 무엇이든지 좋은 본이 되고 스승이 된다.

부하는 24시간 정신을 가다듬고, 언제나 주군 앞이나 공적인 자리에 있을 때처럼 주의해야 된다. 휴식하는 동안이라고 해서 긴장을 풀어놓고 있으면 그것이 공적인 자리에서도 나타나는 것이다.

이러한 정신집중이 중요하다.

폭음으로 낙오자가 된 사람이 많다. 참으로 안타까운 일이다. 첫째로 자기의 한계를 미리 알아두고 정도 넘치게 마시지 않으면 좋겠다. 그것을 알면서도 과음하는 수가 있다. 술자리에서는 특히 마음을 놓지 말고 예상치 못한 일이 일어나더라도 바로 대처할 수 있도록 유념해야 한다.

무예에 집착해서 제자를 두고 가르치게 되면 버젓한 무사라고 자처하는 사람이 많다. 뼈를 부러뜨리고 겨우 무예자가 된대서야 무슨 의미가 있는가. 기예는 웬만한 경지에 이르면 그것으로 충분하다. 대개 다재다능한 사람은 품위가 없고 비열해 보이며, 가장 중요한 부분이 흐리멍텅해지는 것이다.

좋든 궂든 명령을 받았을 때 아무 말 없이 받아들이면 불만스럽게 보이는 것이다. 적절한 답변을 해야 한다. 그럴려면 미리 각오를 정해두는 것이 중요하다. 어떤 임무를 하명 받았을 때 내심 기뻐서 자만하는 기분이 있으면 그대로 얼굴에 나타나는 것이다. 그런 사람을 여럿 보아왔는데 별로 보기 좋은 것은 아니었다. 아직 부족함을 아는 사람은 자기가 미흡한데 이러한 임무를 하명받고 잘해 나갈 수 있을 것인가, 걱정이다, 라고 말은 하지 않지만 얼굴에 나타나 속이 깊어 보이는 것이다.

들떠 날뛰는 사람은 도리를 그르치고 위태롭게 보이며 대개 실패하기 쉬운 것이다.

학문하는 것은 좋은 일이지만 한편 폐해도 있다. 고난江南 스님의 훈계대로이다. 무슨 일을 이룰 것 같은 사람을 봐도 자기의 부족함을 알고자 학문하는 사람은 쓸모가 있다. 그러나 그렇게 되긴 쉽지 않은 것 같다. 대다수의 사람이 견식만 높아져서 이론 내세우기를 즐기게 된다.

재난을 당한 사람을 위문 갔을 때, 위로의 말이 중요하다. 단 한 마디로 그 인물을 알 수 있다. 적어도 무사가 기운이 빠져 의기소침하고 있는 꼴은 수치다. 씩씩하게 나아가 어려움을 이겨내고, 밝은 마음이 되지 않으면 아무런 쓸모가 없다. 남을 북돋우어 원기 있게 해주는 것도 중요한 한 마디이다.

관청 등에서 매우 바쁘게 일을 처리하고 있을 때, 그런 사정을 눈치채지 못하고 무슨 용건 따위를 말해 오는 사람이 있다. 그럴 때 직원들이 흔히 퉁명스럽게 화를 내곤 한다. 그것은 무엇보다도 좋지 않은 일이다. 그런 때일수록 마음을 가라앉히고 정중하게 응대하는 것이 무사의 예의범절이다. 퉁명스런 응대는 하발이 무사들이나 할 짓으로 보인다.

'큰 비의 교훈'이란 말이 있다. 도중에 소나기를 만나 젖지 않으려고 뛴다든지, 처마 밑을 따라 달려도 젖는 건 마찬가지다. 처음부터 젖을 각오를 했더라면 이왕 젖는 것, 힘들이지 않았을 것이다. 이것은 모든 일에 걸쳐서 적용될 마음가짐이다.

당나라에 용의 그림을 좋아하는 사람이 있었다. 의류나 도구류에도 용의 문양을 달고 있었다. 그 깊은 취미에 감동한 용의 신이 어느 날 창밖으로 진짜 용의 모습을 드러냈다. 그러자 그 사람이 놀라 기절했다고 한다.

평소에는 큰소리치고 장담하고 있다가 무슨 사건에 부닥쳤을 때 말과는 반대의 짓을 하는 사람도 있더군.

창의 명수가 임종 때 제자 한 사람을 불러 놓고 유언했다.

"일류 비기秘技는 이미 남김 없이 전수하였으니 더 이상 남길 것이 없다. 다만 만약 제자를 둘 작정이라면 매일 죽도竹刀를 손에서 놓지 말아라. 이것은 승부를 겨루라는 따위를 이르는 것이 아니다."

또 연가連歌(두 사람 이상이 와카〔和歌〕를 번갈아 읽어나가는 형식의 노래) 작가의 가르침에 "연가 모임 전날부터 마음을 조용히 가라앉히고 시집을 읽어서 사전에 대비해야 한다"고 했다. 일사삼매一事三昧, 즉 한 가지 일에 몰두하라는 말이다. 각자가 자기의 직무에 몰두하지 않으면 안 된다는 것이다.

중도中道라는 것은 모든 점에서 이상적인 경지이지만, 무사도에서는 평소 남보다 뛰어나려고 하는 정신이 있어야만 한다.

활쏘기를 가르칠 때 좌우의 팔을 수평으로 하도록 지도하지만 자칫 오른팔이 높아지기 쉽기 때문에 그 오른팔을 조금 낮추게 하면 팔을 수평으로 할 때와 같은 결과가 되는 것이다.

전투에서 무공이 있는 사람을 뛰어넘어야겠다는 마음가짐으로 강한 적을 쳐부수지 않으면 안되겠다고 밤낮 벼르고 있으면 의기도 솟게 되며 기죽지 않고 무용을 발휘할 수 있게 된다고 한다. 공을 세운 옛 무사의 이야기다.

무사는 평소 그러한 마음가짐이어야 한다.

무사의 자식은 무사의 자식답게 기르는 법이 있다. 먼저, 어릴 적부터 용기를 북돋아 주고 장난으로라도 으름장 놓거나 속여서는 안 된다. 비록 어릴 때도 겁쟁이 기가 있는 것은 일생의 흠이 된다. 대체로, 어버이들은 사려 없게도 우레 소리에 겁먹게 하기도 하고, 어두운 곳에도 가지 못하게 하는가 하면, 울음을 그치게 하려고 무서움을 느낄 말을 하곤 하는데 그건 좋지 않은 짓이다. 또 어릴 적에 지나치게 꾸지람을 주면 겁쟁이 아이가 된다. 더 나쁜 버릇이 생기지 않도록 유념해야 한다. 나쁜 버릇이 몸에 배면 고쳐지지 않는다. 나이에 맞춰 예의 범절을 익히게 하고 욕심 등을 일으키지 않도록 해야 한다. 그밖에도 어떻게 기르느냐에 따라 보통의 태생이라도 훌륭하게 성장하는 것이다.

그리고 금실이 좋지 않은 부부의 자식은 불효자로 자란다고 한다. 지당한 말씀이다. 새나 짐승도 보고 듣고 하면서 성장해 가는 것이다. 그런가 하면 어머니가 어리석어 부자父子 사이가 나빠지는 일도 있다. 어머니는 무조건 자식을 예뻐해서 아버지가 훈계를 하면 자식의 편을 들어 감싸주기 때문에 대들게 한다. 여자의 얕은 소견으로 자식에게 노후를 의지할까 해서 자식 편을 들기 때문이다.

각오가 단단하지 않으면 남에게 발목을 잡히는 수가 있다. 또 여럿이 모여서 얘기를 할 때 자기 생각과는 다른데도 무심코 "맞는 말이오" 따위로 맞장구 치는 수가 있다. 곁에서 보면 의견이 같은 사람이라고 보이는 것이다. 그렇기 때문에 남과 맞닥뜨렸을 때에는 한순간이라도 방심하는 일이 있으면 안 된다. 또한 말을 걸어오거나 꾀임을 받았을 때도 걸려들지 않도록 자기 생각과 다를 때는 자기 의견을 분명히 밝혀서 상대방 말의 잘못을 지적하겠다고 마음먹고 응대하라. 별일이 아닌 사소한 일이 큰 잘못을 일으키기도 하는 것이다. 조심하는 게 좋다.

그리고 좀 찜찜한 생각이 드는 사람에게는 아예 가까이 하지 않는 것이 좋다. 무슨 수를 써서라도 걸려들게 만들어 그쪽 편에 끌려 들어가게 되는 것이다. 이런 것쯤에 꿈쩍도 않게 되려면 연공年功과 수련을 쌓지 않으면 안 된다.

어느 사내가 수년 동안 근속한 공로로 자기에게 상당한 포상을 내려주리라 믿고 있었는데 포상통지서가 하달되자 미리 축하회를 가졌다. 그런데 발표되고 보니 근무 수당에 지나지 않았다. 모두들 의외라 생각했지만 포상은 포상이다. 새삼 축하한다고 말했더니 그 친구는 아주 언짢은 표정을 지으며 말했다.

"면목이 없습니다. 요컨대 주군께 쓸모 없는 놈이라서 이런 결과가 됐습니다. 이렇게 된 이상 무슨 일이 있어도 사직서를 내고자 합니다."

그러자 친구들이 깜짝 놀라 달래어 만류했기 때문에 그 사내도 사직을 단념하고 근무를 계속하게 되었다.

이것은 봉공의 정신은 아예 잊어버리고 오로지 자만에 취해버린 사내의 얘기다. 포상은 차치하고 사무라이에서 병졸로 강등되거나 아무런 잘못도 없는데 할복 처분이 내려졌을 때일지라도 떳떳이 나설 수 있어야 비로소 한 주군을 줄곧 섬겨온 후다이譜代 부하라고 할 수 있는 것이다. 면목없다는 등 핑계를 대는 것은 모두 사심에서 나온 것이다. 이런 정도는 깊이 생각해서 이해해 두어야 할 일이다.

자태와 겉모습 그리고 차림새에 대해서도 관심을 갖고 항상 거울을 보고 고치는 것이 좋다. 이것이 비결이다. 사람들은 거울을 자주 보지 않기 때문에 자태와 겉모습이 좋지 않다. 말씨의 연습은 자택에서 말을 할 때 고칠 것. 문장 연습은 한 줄의 편지라 할지라도 초안을 먼저 쓰도록 할 것. 이상의 것들은 어느 것이나 겉치장보다 차분하면서도 늠름한 데가 있는 것이 좋다. 또 편지는 "받은 사람이 벽걸이 족자로 하겠거니 생각하고 써라"라고 료잔了山 스님의 가르침이 있었다.

"과오를 저지르고 고치는데 꺼리지 말라"는 격언이 있다. 실언했더라도 바로 정정하면 잘못도 사라지는 것이다. 잘못을 감추려고 하면 아주 꼴사나워지고 자기도 괴로워진다. 해서는 안될 말을 꺼냈을 때도 즉시 해명하면 앙금이 남지 않고 부담 없이 가뿐해진다. 만일 그런데도 책망하는 사람이 있으면 "잘못 말씀드렸습니다. 그렇게 된 이유도 밝혔고 해명도 했습니다만 그래도 용서해 주시지 않는다면 어쩔 수가 없군요. 더군다나 모르고 말씀드렸던 것이니 듣지 않으신 것과 마찬가지 아니겠습니까. 누구든 항간의 세평은 듣는 것이지요"라고 말하고 각오를 정하라.

이런 결과를 낳을 수도 있는 것이기 때문에 남의 소문이나 비밀 따위를 함부로 입밖에 내는 것이 아니다. 그리고 무슨 말을 할 때에는 그 자리에 있는 사람을 살피고 난 다음 말을 꺼내지 않으면 안 된다.

글씨는 붓놀림 바르고, 정중하게 쓴다는 것이 중요하다. 하지만 그것만으로는 딱딱하고 유치한 느낌이 든다. 그 위에 격식에 구애받지 않은 글씨가 있다. 다른 많은 것에도 이 도리라는 것이 있다.

어떤 사람이 말했다.

"낭인이라고 하면, 사람들은 괴롭고 어려움이 더할 나위 없을 거라고 생각하고, 낭인이 되었을 때에는 몹시 낙심해서 어쩔 줄 몰라 당황한다. 그렇지만, 막상 낭인이 되고 보면 이전에 생각했던 것처럼 그다지 괴로운 것만은 아니다. 지금 한번 낭인을 해봐도 좋다."

과연 그렇겠지. 죽음에 대해서도, 평소 죽음을 예사로운 것으로 익숙히 해두면 편안히 죽을 수 있는 것이다.

재난 따위 지레 걱정할 것도 안 되는데 앞날을 근심 걱정하는 것은 어리석은 일이다. 부하의 마지막은 낭인이 되든가 아니면 할복이라는 것을 애초부터 각오해 두어야 한다.

"남의 마음을 보려고 생각하면 고민해라"는 격언이 있다. 보통 때는 가까이 지내다가 상대가 병이나 재난을 당하면 소홀히 하는 것은 얼빠진 놈이다. 남이 불행을 당했을 때일수록 더 가까이 해서 위문도 하고 선물도 하면서 기운을 북돋아줘야 할 것이다.

은혜를 입은 사람은 평생 소홀히 해서는 안 된다. 이런 일로 사람의 마음을 알 수 있는 것이다. 자기가 어려움에 처했을 때는 남에게 의지하면서 나중에는 떠올리지도 않는 사람이 많다.

성쇠盛衰로 사람의 선악을 판단할 수는 없다. 성쇠는 운명이다. 선악은 사람의 도道이다. 교훈 때문에 성쇠를 빌어 말하는 것이다.

모로오카 히코에몬諸岡彦右衛門이 송사訟事로 부름이 있어 나갔다

가 질문에 답하였는데, 그 답변에 대해서 신에게 선서하라는 말을 듣고,

"사무라이의 일언一言은 금이나 쇠보다 단단한 것입니다. 일단 약속한 이상 신께 맹세해야 할 필요는 없습니다"라고 말하며 받아들이지 않았다. 그의 나이 26세때의 일이다.

새로이 채용한 자에게는 주의가 필요하다. 재능을 발휘해서 주군에게 보탬이 되고 이름을 내는 등 자기의 자손들을 위해 그렇게 하는 것이다. 대대로 섬겨온 후다이 부하라면 허물을 자기가 뒤집어쓰는 한이 있어도 주군에게 보람이 되도록 해야겠다는 뜻이 있다. 나카노 쇼칸이 본번과 3지번의 불화가 있었을 때 제 목숨을 내던져 간언했었는데 후다이 부하란 그런 것이다.

인상人相을 보는 것은 대장으로서 중요한 일이다. 구스노키 마사시게楠正成가 미나토가와湊川에 출진할 때 아들에게 건넸던 편지에 눈만 그려져 있었다고 전해지고 있다. 인상을 볼 때의 최대 비결이기 때문이다.

보통 때는 없던 일이 일어나면 '기이한 일'이라면서 무슨 일이

일어날 징조일지도 모른다고 떠드는 것은 어리석은 짓이다.

태양과 달이 동시에 보이기도 하고, 혜성, 별똥별, 6월의 눈, 12월의 천둥 등은 50년이나, 100년 사이에 있을 수 있는 일이다. 음과 양의 순환에 따라 출현하는 것이다. 태양이 동쪽에서 떠서 서쪽으로 지는 것도 보통 일이 아니라면 '기이한 일'이라는 말이다. 이와 똑같은 것이다. 또한 천재지변처럼 세상에 좋지 않은 일이 생기는 것은, 기운을 보고서 무슨 일이 있겠지라고 사람들 스스로가 자기들 마음속에서 '기이한 일'을 만들고 궂은 일을 기다리니까 그 마음 때문에 '기이한 일'도 일어나게 되는 것이다.

메쓰케目付(무가시대의 감찰관)는 넓은 안목으로 판단하고 대처해야 한다. 메쓰케 직을 두게 된 것은 번정을 위해서이다. 번주 한 사람만으로는 말단에 이르기까지 눈길이 미치지 못하기 때문에 번주의 몸가짐, 가로의 옳고 그름, 행정의 선악, 세상의 풍문, 밑바닥 백성의 살림 등에 관해서 바르게 듣고 다스림을 반성하기 위함이다.

메쓰케는 상위층을 살피자는 것이 본래의 뜻이다. 그런데 하부층의 잘못만을 들추고 캐내어 말씀 올리게 되면 궂은 일이 그치지 않고 오히려 해를 가져온다. 하부층에 있는 사람 치고 정직한 사람이 드물다. 하지만 하부층의 잘못이 나라에 큰 해가 되는 것은 아니다.

그리고 죄인을 취조하는 관리는 죄인의 변명이 받아들여져 구조

되었으면 하는 마음을 가지고 조사함이 마땅할 것이다. 이것도 궁국적으로는 주군을 위하는 길이다.

주군에게 간언하는 방법은 여러 가지가 있다. 충심에서 우러나는 간언은 밖으로 새어나가지 않게 해야 되며 상심하시지 않도록 결점을 고쳐 드리도록 해야 한다. 아시카가 요시미쓰足利義滿에게 호소가와 도모유키細川賴之가 보여줬던 충의 같은 것이다.

꽤 오래 전의 일인데, 나리가 에도로 행차중에 어딜 좀 들렀다 가자고 말씀을 하셨다. 그때 한 중신이 일동을 향해서,

"이 사람은 목숨을 버리고 삼가 충언드리고자 합니다. 그렇지 않아도 여정이 지연되고 있는데, 게다가 곁길로 드신다는 것은 아니 될 말씀이옵니다. 그럼 여러분 이걸로 작별하고자 합니다"라고 말하고, 목욕재계한 다음 흰 상복으로 갈아입고 주군 앞에 나섰다.

그런데 얼마 안되어서 물러나 일동을 향해서 말했다.

"내가 간언드린 것을 받아주시어 뜻을 이루게 되었습니다. 여러분을 다시 뵙게 된 것을 천만 다행으로 생각합니다."

보아란 듯이 공언한 것이다. 이런 것들은 모두 나리의 잘못을 밖에 드러내어 자기의 충忠을 과시함으로써 명성을 올리려는 소행이다. 어떻든 타국 출신의 채용자에게 있을 법한 일이다.

셈이 빠른 사람은 비겁한 사람이다. 셈이란 매사를 손해냐 이득이냐 하는 잣대로 보기 때문에 이해타산이 마음속에 도사리고 있는 것이다. 죽음은 손해요 삶은 이득이므로 죽기를 꺼려하기 때문에 비겁과 아쉬움이 남는다. 학문깨나 했다는 사람은 겁이나 욕심 등의 본심을 지식과 이론으로써 가려버린다. 남이 오판하기 쉬운 점이다.

"무사도는 죽음을 개의치 않는다. 한 사람을 죽이려고 수십 명이 덤벼도 당해내지 못한다"라고 나오시게공은 말씀하셨다. 제 정신으로는 큰일을 해내지 못한다. 죽을 각오가 되어서 해내는 것이다. 무사도에 있어서는 사리를 분별하고 따져보게 되면 그만큼 남에게 뒤처지게 된다. 충도 효도 거들떠보지 않고 필사적으로 하는 것이다. 바로 그 미치광이 같은 행동 속에 충도 효도 들어 있는 것이라고 생각한다.

시다 기치노스케志田吉之助가 "살든 죽든 아무것도 남지 않는다면 사는 편이 낫다"라고 한 말은, 말을 뒤집어서 한 것이다. 또 "갈까 말까 하는 곳에는 가지 않는 게 좋다", 그 다음에 "먹을까 말까 생각되는 것은 안 먹는 게 좋다. 죽을까 말까 생각할 때에는 죽는 것이 좋다"로 이어진다.

큰 재앙이나 큰 사건에 직면했을 때 "당황하지 않는다"만 가지고는 부족하다. 큰 변이 닥치면 용감하게 대처해야 할 것이며, 즉 그것이 한 단계 뛰어넘은 경지인 것이다. "물이 불어나면 배가 높아진다"는 것과 같은 말이다.

명인이나 상수上手인 사람의 말을 듣고 나서, 자기는 도저히 미치지 못할 거라고 생각하는 것은 한심스러운 일이다. 명인도 사람이고 나도 사람일진대, 어찌하여 나라고 못할소냐, 라고 작심하고 몰두한다면 이미 그 도에 들어선 것이나 다름없다. 잇테이 선생은 "15세 때 학문에 뜻을 둔 점이 성인聖人인 것이다. 훗날 수업修業을 해서 성인이 된 것이 아니다"라고 말씀하셨다. 초발심시 변성정각初發心時辯成正覺(마음먹었을 때 이미 부처의 가르침을 깨달은 것)이라고 불경에도 나와 있다.

무사는 모든 일에 주의를 기울여 털끝만큼이라도 남에게 뒤지지 않도록 명심하여야 한다. 특히 말할 때 신중치 못해 "나는 겁쟁이야, 그런 때는 도망칠 거야, 무섭다, 아프다" 따위의 말을 아무렇지도 않게 하는 경우가 있다. 농담이건, 일부러든, 잠꼬대나 무심코라도 입밖에 내서는 안 될 말이다. 세심한 사람이 들으면 속마음이 들여다보이게 된다. 부디 명심해 두어야 할 일이다.

무사도의 의지를 마음속에 굳게 간직하고 흔들림 없는 각오를 단단히 하고 있으면 일단 유사시에 틀림없이 제일 먼저 뽑혀 나가게 될 것이다. 이것은 일상의 행동거지와 그 말씨에서 사람됨이 나타나기 때문이다. 무엇보다도 한마디 한마디가 신중해야 한다. 자기 속내를 남에게 드러내보일 필요는 없다. 평소에도 사람들이 지켜보고 있다는 것을 잊지 말아야 할 것이다.

진정한 무사는 목이 잘리우더라도 반드시 한 몫은 해 보이겠다고 마음먹고 있다. 그 본보기로 닛타 요시사다新田義貞(자기의 목을 잘라 진흙탕 속에 묻고 그 위에 엎드려 죽었다), 오노 도켄大野道賢(도요토미 히데요리의 신하로서 화형으로 검게 그을린 뒤 검사차 입회한 사무라이를 찔러 죽임) 등이 잘 알려져 있다. 왜 같은 사람으로서 남보다 못해야 된단 말인가. 미타니 죠큐三谷如休는 "병으로 누워 있을 때라도 2~3일은 살아 버티어 보이겠다" 고 말하고 있다 한다.

옛 사람의 말에, 일곱 번 호흡하는 사이에 결심한다고 한다. 다카노부공은 “분별도 오래하면 썩는다”고 말씀하셨다. 나오시게공은 “무슨 일이든 지루하게 끌면 열 가운데 일곱은 그르친다. 무사는 매사를 민첩하게 처리해야 한다”고 말씀하신다.

기분이나 마음이 가라앉지 않으면 판단도 좀처럼 잘되지 않는 것이다. 답답하지 않고 산뜻하고, 늠름한 기분이라면 일곱 번 호흡하는 동안에 좋은 판단을 내릴 수 있다. 각오가 바로 서서 상쾌한 기분이 되었을 때 말이다.

겨우 도리를 조금 알게 된 사람은, 이내 교만을 떨면서 한 가락 하는 사람이란 말을 듣는가 하면, 제 입으로 이 세상에 태어난 것이 피곤하다고 떠들며 안하무인으로 설친다. 그런 자는 머지 않아 천벌을 받을 것이다.

제아무리 재능이 있는 사람이라도 남에게 호감을 주지 못하는 사람은 쓸모가 없다. 주군을 위해 봉사하는데는 적극적이면서도 다른 일로는 무척 겸허하고, 동료들보다 몸을 낮추어 겸손하게 기뻐하는 사람은 아무도 싫어하지 않는다.

간언을 하더라도 자기가 그럴 만한 지위가 아니라면 그 지위에 있는 사람을 시켜 말씀드리도록 해서 잘못을 시정케 하는 것이 충의다. 그런 절차를 밟기 위해서 윗사람들과 가까이 하는 것이다.

하지만 자신을 위해서 그렇게 하면 아첨이다. 아첨이 되지 않는 것은 가家를 자기가 짊어지고 있다는 각오가 있기 때문이다. 하면 되는 것이다.

낭인이 되어서 허둥대고 떠드는 것은 어리석기 그지없는 일이다. 가쓰시게공이 영주 자리에 계실 때 부하들에 대해 "일곱 번 낭인이 되어보지 않으면 진정으로 섬긴 부하라고 할 수 없다. 7전8기 해야지"라고 입버릇처럼 말했다고 한다. 치수공사로 유명한 나루토미 효고成富兵庫도 일곱 번 낭인을 했다고 한다. 부하는 다시 일어서는 오뚝이라고 생각하면 된다. 주군도 시험삼아 낭인을 명하는 수가 있을 것이다.

병은 마음으로 인해 무거워지는 것이다. 나는 나이 든 뒤라도 주군을 위해 뭔가 해야 되겠다는 큰 바람이 있었기 때문에 70세 어버이의 자식으로 태어난 빈약한 몸이었지만, 심기일전하여 몸을 단련해, 이윽고 병치레를 하지 않았다. 그러기 위해서 여색을 삼가하였으며 뜸을 뜨기도 했었다. 그 덕에 확고한 자신을 가지고 있다. 살무사는 일곱 번 태워도 제 모습으로 돌아온다고 한다. 일곱 번까지는 나베시마 가의 사무라이로 태어난 숙원을 이룩하지 않으면 안되겠다는 뜻을 가슴 깊이 간직하고 있는 것이다.

야마모토 진에몬(쓰네토모의 아버지)은 항상 "사무라이는 인재를 거느리는 것이 제일이다"라고 말하곤 했다. 아무리 주군을 위해 보람있는 일을 해야 되겠다고 생각한들 혼자서는 무사로서의 역할을 다할 수 없다. 금이나 은은 남에게서 빌릴 수도 있지만 사람은 갑자기 모을 수가 없으므로 미리미리 사람을 친근하게 거느리고 있지 않으면 안 된다. 사람을 거느린다는 것은 자기 혼자만 먹어서는 안 되며 한 그릇의 밥이라도 나누어 부하에게 먹인다면 따라오게 마련이다. "진에몬만큼 몸값에 걸맞는 부하를 가진 사람은 없었고 또 진에몬은 자기보다 월등한 사람을 많이 데리고 있다"는 말을 들었다.

진에몬이 등용한 사람으로서 직참直參(주군을 측근에서 섬김) 사무라이라든가 데마키야리手明槍(상급 무사직)로 발탁되는 사람이 많았다는 얘기다. 그리고 또 반장으로 임명되었을 때 "진에몬의 마음에 드는 사람으로 반원을 신규 채용하는 게 좋겠다"며 후치미扶持米(무사에게 급여조로 주는 쌀)를 내려주셨다.

달맞이 축제 때 신에게 바치는 물을 절에 있는 우물에서 길어다 썼는데 그때 가쓰시게공이 "진에몬의 부하들을 시켜 길어오게 하라. 그자들은 깊은 곳에서 길어오니까"라고 말씀하셨다 한다. 이토록 마음에 두고 계셨으니 진에몬도 성의를 다하여 섬기지 않을 수 없었을 것이다.

"의견을 말씀드리면 나리께서는 더욱 옹고집이 되어서 오히려 악화시키게 된다. 그래서 의견을 말씀드리지 않고 다소 무리가 있는 일일지라도 공손히 승복해 둔다"라는 말은 핑계일 뿐이다. 목숨을 내걸고 말씀드린다면 들어주시는 것이다. 어설프게 말씀드리기 때문에 기분을 언짢게 하고 말씀드리는 도중에 말문이 막혀서 물러날 수밖에 없는 것이다.

지난 해 사가라 큐마가 주군께 대들며 강하게 자기 주장을 한 것 때문에 주군이 노하시어 할복하라는 명을 받았다. 두 사람의 무사가 찾아가서 주군의 명을 전하자 큐마는,

"할복이라, 좋소. 하지만 아직 한 가지 말씀드릴 것이 남아 있어서 죽으려 해도 죽을 수 없을 만큼 유감스럽소. 두 분은 오랜 정의를 생각해서 나를 대신하여 이 말씀을 진언해주시지 않겠소"라고 말했기 때문에 두 사람은 큐마의 뜻을 그대로 주군께 아뢰었다.

주군의 노여움은 더욱 격해지셨지만 큐마의 할복을 일단 보류하라고 말씀하신 뒤, 연유를 소상히 들으시고 용서해 주셨다.

나카노 가즈마가 도시요리(무가시대 중신)직에 있을 때 기요사에몬 등 5명이 주군의 뜻을 어긴 허물로 할복을 명 받았다. 그때 쓰네시게공 앞에 가즈마가 버젓이 나타나,

"저 자들을 살려주시옵소서"라고 말씀 드렸다. 주군은 더욱 노하시어,

"심의회의 결정에 따라 할복을 명한 것이다. 뭔가 살려주어야 할 이유라도 있단 말인가"라고 말씀하셨다.

가즈마는 이 말을 듣고,

"이유는 없사옵니다"라고 말씀드리자, 주군은 이유도 없는데 살려 주라니 괘씸하기 이를 데 없다며 크게 꾸짖었다. 그래서 물러났던 가즈마가 이내 다시 나타나 "저자들을 살려주시옵소서"라고 말씀드리는 것이었다.

주군은 바로 전에 하듯 또 꾸중을 했고 가즈마는 물러났다가 다시 태연히 나타나는 식으로 일곱 번이나 같은 일을 되풀이하여 읍소했다. 주군은 마침내,

"이유는 없다고 하면서도 일곱 번이나 말하는 걸 보니 그만하면 살려줄 계제인지도 모르겠다"며 바로 생각을 바꿔 용서하셨다. 이런 일은 종종 있는 것이다.

수업함에 있어서 두 가지 길을 추구하는 것은 좋지 않다. 무사도武士道 한 길로만 배우고 매진해야 하는 것이며 다른 것을 구하는 것은 안 된다. 길은 어디로나 통하는 것. 그런데도 유교나 불도에 머리를 디밀면서 한편으로는 무사도를 배워보았자 무사도 하나조차 통달하지 못한다. 이것을 깨달은 후, 다른 도를 참고로 듣는다면 무사도를 북돋는 것이 될 것이다.

무사는 그때 그때의 말 한 마디가 중요하다. 단 한 마디의 말로 무용이 세상에 알려지기도 한다. 평화시에는 말로써 용勇을 나타내는 것이다. 난세에 있어서도 한 마디의 말로 '굳셈'과 '속마음'을 알아볼 수 있는 것이다. 이 한 마디 말이 '마음의 꽃'이다. 말로는 설명하기 힘든 것이다.

무사는 장난 삼아서라도 엄살이나 나약한 짓을 하지 않겠다고 항상 명심하고 있어야 한다. 무심코 한 말이 깊은 속마음을 엿보이게 하는 것이다.

무슨 일이든 불가능이란 없다. 마음을 굳게 먹고 시작만 하면 천지를 관통할 것이다. 안 되는 게 아니라 사람이 나약해서 하려는 의지가 없는 것이다. 힘 하나 쓰지 않고 천지를 움직인다는 것도 단지 마음을 한 곳에 집중하기만 하면 되는 것이다.

명군名君, 현군賢君이라는 말을 듣는 주군은, 그냥 간언을 잘 받아주는 것만으로도 그렇게 된다. 그러한 주군 밑에서는 부하들이 모두 열심히 하고 무언가 좋은 것을 말씀드려 보람있는 일을 해야겠다고 생각하기 때문에 가家가 잘 다스려진다.

사무라이는 동료들과 친히 지내고, 그중 지혜 있는 사람에게 자기가 주의해야 할 점에 대해서 의견을 물어 자신의 단점을 반성하면서 일생 수업을 쌓아간다면 가의 보배가 되는 것이다.

40세 전에는 무슨 일이든 적극적으로 하는 것이 좋다. 50세가 가까워지면 좀 삼가듯, 하는 것이 그 나이에 걸맞는다.

남이 나와 다른 의견을 말해줄 때에는 도움이 안 되는 일이라도 고맙게 받아들여야 하는 것이다. 안 그러면 주의해야 할 일을 보거나 들어도 남들이 두번 다시 참견하지 않는다. 어떻게든 마음 편하게 의견을 말해줄 수 있도록 해놓고 남의 의견을 얻는다는 것은 좋은 일이다.

간언은 어떻게 하느냐가 중요하다. 무슨 일에도 완고한 어른에게 말씀드려 봤자 받아주지도 않을 뿐더러 차라리 안 하느니만 못하게 되어 버린다.

"오락 따위는 마음 내키시는 대로 즐기셔도 되지만, 그저 백성이 편안하고 가신들이 직무에 힘쓰도록 마음을 써주신다면 가신들도 나리께 충성을 다하려고 힘써 가가 잘 다스려질 것입니다. 이것은 그다지 힘드는 일이 아닐 것입니다"라고 말씀드린다면 들어주실 것이다.

간언이나 충언은 열린 마음으로 충분히 대화하지 않으면 아무런 소용이 없다. 경직되고 전에 없던 말투로 말하면 공격하는 꼴이 되어, 간단한 일이라도 받아들여지지 않는다.

세상에는 교훈을 말하는 사람이 많다. 하지만 교훈을 듣고 좋아하는 사람은 적다. 하물며 교훈을 따르는 사람은 드물다.

사람도 30이 넘으면 교훈을 말해주는 사람도 없어진다. 교훈의 길도 막혀서 제멋대로가 되어버려서 평생 잘못을 거듭하고 우愚가 늘어나 결국 쓸모없는 사람으로 끝나 버린다. 도리를 터득한 사람과는 무슨 일이 있어도 친교를 유지하여 교훈을 받도록 해두어야 할 것이다.

대기만성이라는 말이 있다. 20년 30년 걸려서 해내는 일이 아니면 큰 공적을 올릴 수 없다. 공을 서두르는 마음을 가지면 남의 일에 참견하고, 젊지만 제법 하는 친구라는 말을 들으며 더욱 신이 나서 뻔뻔스러워지는가 하면, 득의양양해서 수완가인 척 행세

하게 된다. 그리고 종종 경박함도 나타나 결국에는 남에게 뒷손가락질을 당하게 된다. 스스로 고생해서 이룬 출세도 자연스럽게 남이 돋보이게 해주어야만 빛이 나는 것이다.

자기 마음에 들지 않는다고 자기 직무를 거절하고 물러나는 따위의 짓은 후다이 부하로서 주군을 버리고 모반을 일으키는 것과 같다. 다른 가의 무사들은 마음에 들지 않으면 물러나는 것을 당연한 것으로 여긴다. 하지만 우리 나베시마 가의 사무라이는 명을 받으면 순리에 맞건 말건 황공스런 자세로 받아들이고, 만약 흡족하지 않을 때에는 납득이 될 때까지 호소해야 할 것이다.

〈구수노키 마사시게 효고기〉楠木正成兵庫記에서 "항복이라는 것은 모략이건, 주군을 위해서건 무사 된 자가 해서는 안 될 일이다"라고 말하고 있다. 충신이란 마땅히 이러해야 한다.

일문一門이나 조직 내에서 가이샤쿠라든가 범인 체포 등 무사도에 관련된 일이 생겼을 때에는 자기 이외는 아무도 대처할 수 없으리라는 각오를 평소부터 갖고 있으면, 일단 유사시에 남들의 주목을 끌게 되는 것이다. 항상 무용에 있어서는 남보다 한 걸음 앞서겠다고 마음먹고, 누구누구에게는 지지 않을 거야 라고 생각하며 용기를 길러두어야 할 일이다.

싸움터에서도 남에게 선두를 빼앗기지 않으리라 작심하고 적진을 쳐부숴야겠다는 마음가짐만 갖고 있다면 남에게 뒤쳐지지 않고 사기도 충천해 무용을 천하에 떨치게 되는 것이라고 노老 용사는 전하고 있다.

모두가 합심하여 하늘의 뜻에 따르고 있으면 평안하다. 마음이 하나가 되어 있지 않으면 제아무리 그럴듯한 말을 늘어놓는다 해도 충의가 되지 않는다.

동료들과 사이가 좋지 않고, 가끔 있는 모임에도 얼굴을 내밀지 않으면서 짜증스런 말만 하는 것은 옹졸하고 어리석음에서 비롯되는 것이다. 큰일이 일어났을 때를 염두에 두고 어떤 모임에서나 가벼운 인사로 마음을 열어 보이고, 잦은 모임이라도 귀찮은 내색을 하지 않도록 주의를 기울여 사귀어야 한다. 덧없는 세상인 터라 한치 앞도 내다볼 수 없지 않은가. 남에게 나쁜 사람으로 보인 채로 죽는다는 것은 억울한 일이 아니겠는가. 다만, 아무리 정겹고 붙임성 있게 하라지만, 약장수 같은 경박함은 꼴사나운 것이다. 이것은 자기만을 위한 처세이기 때문이다.

또 남을 앞세우고, 경쟁심을 버리고 예의바르게 겸양을 표하며 자신에게 아무런 득이 없어도 남을 위해서 도움되는 일을 하면, 언제나 처음 만났을 때와 같이 좋은 사이를 유지할 수 있다. 부부간에도 마찬가지다. 끝까지 초심과 같이 한다면 불화가 있을 리 없는 것이다.

적을 쳐 죽이는 것보다도 주군을 위해서 죽는 편이 공이 크다. 사토 쓰구노부佐藤繼信(야지마 전투에서 주군의 화살받이가 되어 적의 화살을 막다가 전사함)의 충의로 그것을 알 수 있다.

젊었을 때 〈잔념기〉殘念記라 이름 붙여 그날 그날의 잘못을 기록해 봤는데, 잘못이 20~30개가 안 되는 날이 없고 끝이 안 보여서 그만둔 적이 있다. 지금도 잠자리에서 하루의 일을 돌이켜보면 실언이나 실수가 없는 날이 없다. 어떻든 어려운 일이다. 재능만 믿고 사는 사람들이라면 생각조차 할 수 없는 얘기다.

출세 가도를 달릴 때에는 자만심과 폼 잡는 것이 문제다. 그런 때일수록 몇 배 근신하지 않으면 실패한다. 순풍에 돛단 듯 잘 나가던 사람은 어려울 때 지지러진다.

"충신을 찾으려면 효자의 집을 찾아가라"는 말이 있다. 어버이에게는 모름지기 정성을 다해 효행을 해야 한다. 어버이가 돌아가시고 나면 생전에 못 다한 아쉬움이 많이 남게 된다. 유사시에 눈부신 봉공을 하는 사람은 많은데 효행을 하는 사람은 아주 적다.

충효라는 것은 억지를 부리는 주군, 억지를 말하는 어버이가 없다면 밖에 알려지지 않는다. 좋은 사람에 대해서는 남도 친절히 하는 것이다. 소나무도 서리를 맞아야 그 푸르름이 선명하게 눈에 띈다고 하지 않는가.

겐세이元政 법사라는 고승은 중의 몸이었기에 새벽녘에 생선가게에 가서 산 물건을 옷 속에 감추고 돌아와 어머님께 드렸다 한다. 생각해보면 예사로이 할 수 있는 일이 아니다.

잇테이 선생께서 이렇게 말씀하셨다. "좋은 일을 한다는 것은 한 마디로 말해서, 괴로움을 견디는 것이다. 괴로움을 견디지 않은 것은 모두 나쁜 짓이다."

높은 분들은 말수가 적은 것 같다. 나베시마 가즈구모一雲가 니치몬日門님을 심부름으로 찾아가 뵈었을 때 니치몬님의 대답은 "미쓰시게 나리에게 안부를" 이라는 단 한마디였다고 한다.

반장쯤 되는 사람이라면 반 소속원들에게 친절하지 않으면 안 된다. 나카노 가즈마는 중요한 직책을 맡아 틈이 없었기 때문에 좀처럼 반원들 있는 곳에 들르지 못했지만 병자가 생기거나 무슨 일이 있으면 성에서 돌아가는 길에 위문하러 갔었다. 그래서 반원들이 그를 따랐다고 한다.

노인들의 말씀인데 "무사가 고집을 세울 때에는 너무하다 싶을 정도로 해야 한다. 어중간히 했다간 두고두고 꺼림칙하고 평판도 좋지 않다. 너무 지나치다 생각될 정도로 해야 적절하다"라고 들었다. 이런 것을 잊어서는 안 된다.

적을 없애야겠다고 결심했을 때는, 가령 지금 행한다 해도 성공하지 못할 거니까 우회하여 좀더 다른 방법을 강구해 보자는 따위의 생각을 해서는 안 된다. 미루다 보면 결심도 흐려지고 대개는 성취하지 못하게 된다. 무사도는 졸속이라도 좋다. 이것저것 따지지 말고 그냥 돌진해야 한다.

어떤 무사가 강 상류에 있는 절 법회에 가는 길에, 나룻배 안에

일이다.

자기 신상에 닥친 가장 힘든 중대사에 있어서는 스스로 독자적인 판단으로 결심하고 앞뒤 생각할 것 없이 돌진하여 해치우지 않으면 문제를 종결짓지 못하는 것이다.

막상 큰일이 닥쳤을 때 더더구나 남과 의논하거나 하면 바보 취급해서 등을 돌리곤 한다. 남은 진실을 말해주지 않는다. 이런 때에는 자기 판단만 믿고, 어떻든 죽을 각오로 몸을 던질 결심만 한다면 일은 해결된다. 그럴 때 일을 쉽게 끌고 나가려고 하면 금세 갈피를 잡지 못하고 꼭 실패하고 만다. 모르면 모르되, 자기를 잘 봐주고 있는 사람이 자기를 위해서 해준 일이 오히려 화가 되어 일을 망치고 지나친 배려가 오히려 그 사람을 그르치게 하듯, 끌려 넘어가는 것이다.

"선조의 좋고 나쁜 것은, 계승자인 자손의 소행 나름"이라고 나오시게공은 쓰고 있다. 선조의 나쁜 점을 세상에 알려지게 하지 말고 오히려 좋은 평을 듣도록 자손으로서 할 도리가 있는 것이다. 이것이 효행이다.

사람과의 관계에서 재물이 있고 없는 것만을 따지고 혈통, 가문은 묻지 않게 된 것은 참으로 안타까운 일이다. 이런 일은 분명 옳은 일이 아니지만 현 시대에는 통하지 않는다는 핑계를 달아 그 불의를 행하는 것은 더더욱 악행이다. 핑계를 대면 도리는 설 자리가 없다.

어떤 이가 "누구누구는 아까운 사람인데 일찍 죽어버렸다"고 말하기에 "아까운 사람의 하나였습니다"라고 대답해 두었다. 또 "세상도 말세가 되고 의리도 끊어졌다"고 말하기에, "떨어져 버리면 다시 올라갈 수밖에 없다고 하니, 머지 않아 좋은 시절이 되겠지요"라고 답했다. 이러한 가벼운 재치가 중요하다.

나카노 가즈마가 할복한 무렵 오오키 효부大木兵部 집에 반원들이 모여 가즈마 욕을 마구 해대었다.

그때 효부는,

"죽은 사람 욕을 하는 게 아니야. 특히 죄를 지어 벌을 받은 사람은 측은한 일이니, 조금이라도 좋게 말해 주는 것이야말로 무사의 정이다. 20년쯤 지나면 가즈마는 충신이었다고 소문이 돌 거다"라고 말했다고 한다. 참으로 사려 깊은 말씀이다.

후루가와 로쿠로사에몬吉川六郎左衛門은,

"주인 치고 쓸모있는 인물을 선호하지 않는 사람은 없을 것이다. 우리 같은 사람도 탁월한 사람을 원하고 있을진대 윗분들일수록 그런 바람이 더 큰 것이다. 그렇기 때문에 아무쪼록 모시고 싶다는 뜻을 가지고 있다면 그 희망이 일치하므로 발탁될 수 있는 것이다. 주군의 입장에서도 전부터 원하고 있던 것을 주겠다는데 달려가서라도 받아들이지 않겠는가. 이런 점을 알아차리지 못하고 일생을 하릴없이 보내고나니 나이 들어서야 겨우 깨닫게 되더군. 방심은 금물이야"라고 말씀하셨다. 그것이 지금도 귀에 생생하게 남아 있다.

이것저것 생각할 것 없이 오로지 주군을 위해 쓸모있는 사람이 되어야겠다는 일념만 가져야 한다. 그렇게 해야겠다는 생각을 안 하는 건 아니지만, 이런저런 장애물이 있어서 그것을 극복하지 못하기 때문에 아까운 일생을 허송하고 마치는 것은 말로 표현할 수 없이 억울한 일이다.

자기 따위가 어찌 감히 주군을 섬기는 역할을 할 수 있을 것인가 라고 자신을 비하하며 사는 사람이 있다. 실은 주군을 위해 제 역할을 다해야겠다는 참된 정신이 박혀 있는 사람이라면 약삭빠르지 않는 편이 낫다. 약삭빠름과 잔재주는 대개의 경우 해가 되는 수가 있다.

신분이 낮아 시골에 살고 있는 사람은, 요직에 있는 중신들을 마치 신과 같은 특별한 인물로 우러러보고 가까이 가지도 못하는데, 친해져서 편안하게 얘기해보면 항상 일을 중히 여기고 주군을 모시는 일밖에 다른 점이 없는 사람들이다.

주군을 위해 제 역할을 다하는데 무슨 특별한 지혜가 필요한 건 아니다. 한결같이 주군을 위해, 가家는 물론 평민, 백성에 이르기까지 모두를 위해 좋은 일을 해야 되겠다고 생각하는 것은 우둔한 우리들로서도 할 수 있는 일이다.

무구武具를 항상 잘 갖춰놓아야 한다. 좋은 규율이긴 하지만 품질이야 어떻든 그 수량이 맞으면 그것으로 됐다. 씩씩하고 용감했던 후카보리 이누노스케深堀猪之助처럼 검소한 것이어도 좋다. 직위가 높아 많은 부하를 거느리는 사무라이에겐 군자금 같은 것도 필요하다. 오카베 구나이岡部宮内는 휘하 군사 수에 맞춰 주머니를 만들어 명찰을 붙이고, 그 사람에게 알맞는 돈을 넣어두었다고 한다. 이런 것은 깊이 있는 뛰어난 소양이라 하겠다.

하급자는 미리 준비해 둔 게 없으면 반장에게 부탁해서 도움을 받으면 될 일이다. 부탁받을 일도 있는 것이니까 미리부터 반장과는 친숙하게 해두어야 한다.

측근은 주군과 떨어져 있지만 않으면 미리 준비하지 않아도 된다. 어떤 사내는 오사카 여름의 진(세키가하라 전투 때 도쿠가와 이에야스가 오사카 성을 공략했던 사건)때 은銀 12돈쭝을 가지고 다쿠 즈쇼多久圖書님을 따라 출발했었다는데 그 사내 일은 그렇다치고, 이런 걱정은 하지 말고 그냥 재빨리 뛰어나갔으면 될 일이다.

옛 일을 조사해보니까 여러 가지 설이 있어서 결정을 내리지 못하는 것이 있다. 그것은 알 수 없는 상태로 그냥 두는 것이 좋다. 산조 사네노리三條實敎 경의 말씀에 "알 수 없는 것에는 알 수 있도록 해둔 것이 있다. 혹은 자기가 납득해서 알 수 있는 것도 있다. 그런가 하면 아무리 해도 알 수 없는 것도 있다. 그것이 재미있단 말이야"라고 하셨다 한다. 의미심장한 말이다.

신비스러운 일이나 먼 옛날에 있었던 일, 그리고 광대한 일은 알 길이 없다. 쉽게 알 수 있는 것은 그 자체가 천박한 것이다.

| 제 2 장 |

인간경영의 지혜

금은金銀은 빌릴 수도 있지만

사람은 갑자기 모을 수가 없으므로

미리미리 사람을 친근하게 거느리고 있지 않으면 안된다.

인간경영의 지혜

"무사로서 주의해야 할 사항은 무엇일까요"라고 물은 즉, "과음, 자만심, 사치일 것이다. 넉넉치 못할 때는 걱정할 것 없다. 그러나 좀 여유가 생기면 이 세 가지가 위험이 된다. 주위를 살펴보면 신이 나서 안심하고 마구 사치를 일삼으며 기고만장하는 자들이 있다. 꼴불견이다. 그렇기 때문에 사람은 고생해 본 사람이 아니면 근성이 꽉 잡히지 않는다. 젊었을 때에는 지나치게 넉넉한 것은 좋지 않다. 그리고 넉넉치 못할 때 기죽은 사람이라면 제 구실 하지 못해"라고 말씀하셨다.

다쿠 미마사카多久美作 님은 노후에 억지소리와 체신없는 말씀을 부하들에게 자주 하곤 했었다. 그래서 어떤 이가 충간을 하자 다쿠님은, "나가토長門(다쿠의 큰아들)를 위해서요. 내가 죽은 다음 베개를 높이 하고 편안하게 쉬시구료"라고 대답하셨다 한다. 법을 우습게 알고 마구 휘둘렀던 주인이 아들에게 가를 물려주었을 때, 부하들이 빨리 새 주군을 따르는 법이다. 이는 다쿠 미마사카님의 비화였다는 어떤 사람의 얘기다.

사람을 만나게 되었을 때에는 그 사람의 기질을 파악해서 저마다 알맞는 인사를 하도록 해야 한다. 쓸데없이 이론만 내세워 따지기 좋아하는 기가 센 사람에게는 모가 나지 않도록 부드럽게 해놓고, 상대보다 높은 이론으로 설복시킨 다음 그 뒤에 감정이 남지 않도록 해야 할 것이다. 이것은 마음의 준비이고 기회를 전환시키는 문제이다. 어떤 사람에게 스님이 말한 의견으로서 구전한 것을 들은 이야기다.

꿈이 본심을 실토한다. 칼 맞아 죽는 것이라든지 할복하는 꿈을 자주 꾸곤 하는데 용기가 충만해 있다면 꿈속에서도 차츰 마음가짐이 변해간다는 것이다. 윤閏 5월 27일 밤에 꾸었던 꿈을 두고 하는 말이란다.

무사로서 중요한 점은 무엇보다도, 먼저 주군께 신명을 바친다는 것이 첫째다. 그 다음 무엇을 하면 좋은가 하면 안으로 지知, 인

仁, 용勇을 배양하는 것이다. 3덕 겸비라고 하면 보통사람이 도달하지 못하는 것처럼 생각되는데 실은 쉬운 일이다.

지는, 남의 말을 듣는 것이다. 끝없는 지식을 얻게 해준다.

인은, 남을 위해 뭔가를 하는 것이다. 남이 바라는 것을 해주면 된다.

용은, 이를 악무는 것이다. 살피기만 하고 결단을 주저하지 말고 이를 악물며 돌진하는 것이다.

여기에다 무슨 이치나 핑계가 더 필요하단 말인가. 이것뿐만 아니라 밖으로 드러나는 차림새, 행동거지, 언동, 필적 등에도 주의하라. 하지만 이것은 모두가 일상의 일이므로 부단히 닦아 익혀두면 할 수 있는 일이다. 그리고 지향하는 바는 온화하면서도 강함이 느껴지도록 마음먹어야 한다. 이런 것들이 몸에 배면 나베시마가의 역사와 전통을 배우고, 그런 다음 가벼운 취미 정도로 예藝를 배워도 된다. 생각해 보면 봉공 따위는 쉬운 일이다. 요즘 좀 쓸모있는 사람이라면 겉으로 보이는 세 가지—몸가짐, 화술, 필치쯤이야 터득하고 있겠지.

어느 출가 승려의 말이다.

"강이 깊은지 얕은지 확인하지 않고 함부로 건너려다가 맞은편 기슭에 닿지도 못하고 목적도 이루지 못한 채 물에 빠져 죽는 일도 더러 있는 것이다. 세상의 흐름도, 주군의 의향도 아랑곳하지 않고 그냥 봉공에 열중하는 것만 가지고는 주군에게 도움도 되지 않고 몸을 망치는 수도 있다. 주군의 마음에 들게만 하려는 것은 꼴사나운 일이다. 먼저 한 걸음 물러서서 조금은 깊은 곳이나 여울도 따져보고 주군이 싫어하는 짓을 하지 않도록 주의해야 된다."

사람 됨됨이가 바른 사람은 매사에 나서지 않고 겸허한 편이다. 그것은 강한 데가 있기 때문이다.

평범하고 내향적인 주군은 칭찬을 많이 해드려서, 하는 일에 실패가 없도록 모셔야 한다. 기가 세고 총명한 주군에게는 약간 거북스런 존재가 돼서, 주군으로 하여금 "이렇게 하면 저 자가 어떻게 생각할까" 생각하도록 유도하고 또 그런 신하가 되는 것이 큰 충절이다. 이만한 데까지 배려하려는 사람은 별로 흔치 않은 것 같다.

사가라 큐마, 하라다 기치에몬原田吉右衛門 등은 주군에게 의지가 되어 주었던 사람들이었다. 기치에몬은 병중이거나 은거 후에도 무슨 일이 생기면 주군의 상담역이 되었다. 고마운 일이다.

그런 사람이 된다는 것은 대단히 어렵기도 하지만 무리한 일이겠거니 지레 생각하기 때문에 안 되는 것이다. 10년쯤 뼈를 깎는 노력을 한다면 반드시 이루어지는 것이다. 나도 겪었던 일이다.

인생은 현재 바로 이 순간 최선을 다하여 살아간다는 일념 즉, "바로 지금"이 중요하다. 순간 순간이 쌓여서 일생이 된다. 이것을 알아차리면 우왕좌왕할 일도 없고 달리 무언가를 찾아 헤맬 것도 없다. 이 순간을 소중히 하며 살아가면 된다.

사람들은 이것을 외면하고 달리 뭔가 있지 않을까 찾아 헤매는데 그것을 깨닫는 사람은 별로 없다. '한순간 오직 한 생각'의 각오를 잃지 않도록 하려면 오랜 동안 수양을 쌓아야 된다. 한번 그 경지에 이르면 평상시에는 잊고 있는 것 같지만 그 경지에서 멀리 벗어나는 법은 없다.

'한순간 한 생각'이 전 생애를 결정한다는 것을 잘 이해하면 그 사람의 인생은 안정되고 더불어 충절도 갖춰지는 것이다.

시대의 흐름이라는 것은 멈출 수가 없다. 점점 저속해지고 있는 것은 세상이 말세가 됐기 때문이다. 1년을 놓고 봐도 봄이나 여름만 계속되는 것은 아니고 하루도 마찬가지다. 그렇다면 지금을 백년 전의 좋은 풍속으로 돌이키길 바란다 해도 안 되는 일이다. 그 시대에서 어떻게든 좋은 방향으로 이끄는 것이 중요하다. 옛 것만을 그리워하는 사람의 잘못은 그런 데 있는 것이다. 즉 시대의 흐름을 이해하려 하지 않기 때문이다. 한편 옛 풍습을 싫어하는 사람은 사려 깊지 못한 사람이다.

예전의 용사는 대개가 기행자奇行者였다. 엉뚱한 짓을 할 수 있는 기질이기 때문에 기력이 강하며 따라서 용기가 있었다. 그렇게들 말하지만 얼른 납득이 안 되어 물어보았다.

"분명히 기력이 강하니까 평소 거칠고 엉뚱한 짓을 하고 있는 것처럼 보이지. 요즘 사람들은 기가 약하기 때문에 엉뚱한 짓을 못 해. 기가 약해졌지만 사람됨이 원만함은 늘었지. 하지만 이것들은 용기와는 별개다. 요즘 사람들은 무기력하니까 얌전하고, 죽을 각오로 임할 줄 모르는 거야. 하지만 그걸 가지고 논할 일이 아니야, 왜냐고? 기력이 이렇다 저렇다 할 문제가 아니니까"라고 답하셨다.

"나오시게공은 전술을 미리 가신들에게 알려준 적이 없었고 그 현장에 임해서 한 마디로 모든 것을 결정하셨다. 그런데도 전술을 이해할 수 있었던 것이 독특한 점이었다"고 우치다 쇼에몬內田庄右衛門이 말했었다. 나오시게공이 위독 상태에 있었을 때 가로들이 병법에 대해 물어봤지만 아무 말씀도 안 하셨다.

이에야스공이 어떤 전투에서 패했을 때 전투가 끝난 뒤, "이에야스는 용기가 대단한 대장이다. 전사한 사졸士卒 어느 하나도 뒤로 향한 자세로 죽은 사람이 없었다. 모두 적진을 향해 머리를 두고 죽어갔다"는 평판을 들었다. 무사는 평상시의 마음가짐이 사후까지도 평판거리가 되므로 그런 마음가짐이 없다면 부끄러운 일이다.

야스다 우쿄安田右京가 술자리를 거두어야 할 때에 대해서 한 말처럼, 참으로 술자리는 마무리가 중요하다. 사람의 일생도 그와 같지 않으면 안 되는 것이다.

손님이 돌아가려고 할 때에는 섭섭한 마음을 갖는 것이 중요하다. 그렇지 않으면 지겨워진 것처럼 보여 오랜 동안 주고받은 정겨운 대화가 없었던 것이 되어버린다. 어떤 사귐과 교제에서도 싫증난 것처럼 보이지 않도록 하는 것이 중요하다. 그런 때마다 오랜만에 만난 것처럼 해야 하는 것이다. 이런 일은 마음쓰기에 따라 좋아지기도 하고 나빠지기도 하는 것이다.

병이 난 다음에 몸을 보양한다는 것은 졸책拙策일 뿐만 아니라 귀찮은 일이다. 승려들이 사물의 표면만을 논의하고 있듯이 의사도 병이 되기 전에 병을 예방하는 것을 모르는 것 같다. 그에 관해서는 나에게 체험이 있다. 그것은 절주, 절식하고 성욕을 억누르며 매일 뜸을 뜨는 것이다.

나는 아버지가 70세 때 본 자식이었기에 허약했던 모양이다. 젊었을 때 의사들로부터 '스무 살을 넘기지 못할 것'이라는 말을 들었기 때문에, "어쩌다 이 세상에 태어나 주군을 받들어 보지도 못하고 죽는다는 것은 원통한 일일진대, 그렇다면 살아 봐야지"라고 마음먹고 7년 간 여자를 멀리한 결과, 병 한번 앓지 않고 오늘까지 삶을 이어가고 있다. 약을 쓴 적도 없거니와 웬만한 병쯤은 기력으로 이겨내어 고쳤다.

요즘 사람들은 태어날 때부터 허약한데다 방사房事가 지나쳐 모두 젊어서 죽어버리는 거야. 바보스런 일이지. 의사들에게 일러주고 싶은 것은, 병자에게 반년이나 1~2년쯤 금욕하게 하면 병도 자연히 낫게 된다는 것이다. 많은 사람들이 의지가 약한 거지. 성욕을 참지 못하다니 참으로 한심스런 일이다.

귀인이나 노인들 앞에서 사려 없이 학문이나 도덕에 관해서, 또는 옛이야기를 하는 것은 삼가는 것이 좋다. 듣기 거북하니까.

무사는 "무용武勇에서만은 내가 질소냐"라고 뽐내며 죽기 아니면 살기라는 각오를 갖는 것이 대단히 중요하다. 평소의 마음가짐, 말씨와 행동거지 등 모든 것이 깨끗하고 아름답도록 항상 유의하여 소양을 쌓아야 한다. 섬겨 봉사함에 있어서는 분수를 지키고 남과 잘 의논해야 한다. 중요한 것은 그 일과 무관한 사람과도 상의하고, 일생 동안 남에게 도움을 주겠다는 배려를 잊지 말며, 잡일로 번뇌하거나 괴로움을 당하지 않도록 하는 것이 좋다.

야규柳生님의 훈계에 "길에서 소와 맞닥뜨렸을 때 놀란 낌새를 보이는 것은 부끄러운 일이다. 소가 사람을 받을 때는 그냥 그대로 받는 게 아니다. 반드시 자세를 취한 다음 받는다. 그렇게 알고만 있으면 바로 곁을 지나더라도 두려워할 게 없다"고 하셨다. 무사는 모름지기 이와 같은 것에까지 마음써야 된다는 것이다.

공적인 일에서는 실패하더라도 실수였다든지 익숙치 못했다는 것으로 그냥 넘어갈 수 있다. 그러나 돌발적인 사건 현장에 있었던 무사로서의 불찰은 무어라 변명의 여지가 없는 것이다. 아버지 요시다다님이 "무사는 심상찮은 놈들이란 한 마디만 들으면 된다"고 평소에 말씀하셨던 것은 이와 같은 때를 염두에 두셨던 것 같다.

만약 자신의 불찰을 원통해 하고, 무운武運조차 끝장나 돌발사태에 대응도 못한 채 웃음거리가 된다면 설 곳이 없다. 하물며 살아남아 치욕을 사고 번뇌하는 것보다는 차라리 할복했더라면 자위라도 됐을 것을, 이것마저 목숨이 아까워 개죽음이겠거니 망설이다가 겨우 5년, 10년, 20년 더 살아 뒷손가락질 당해 부끄럼을 사서 조상의 이름을 더럽히고 가문, 친족에게까지 오명을 씌우고 만다. 참으로 비통스럽기 그지없는 일이다.

이것은 오로지 평소의 마음가짐이 잘못된 데다, 무사란 무엇인가 라는 것을 털끝만큼도 생각지 않고 멍청하게 그날 그날을 허송해왔기 때문인 것이다. 이쯤 되면 벌써 죄가 된다고 해도 될 것이다. 불시에 목이 잘린 자는 어쩔 수가 없는 일, 무운이 다했다고나 할까. 목을 친 자는 어쩔 수 없이 맞닥뜨려 목숨을 걸어야만 하는 상황이니 이것저것 따질 입장이 아니다. 다만 성질이 급하므로 봉공에는 부적격자일 뿐이다. 이 두 사람을 비겁자라고 할 수는 없다.

하지만 그 자리에 있던 사람들은 목숨과 수치를 바꾼, 무사라고 할 수 없는 자들이다. 그때가 바로 이때라는 것을 평소에 명심하고, 궁리해서 심중에 새겨두었어야 마땅한 일 아닌가.

사람들은 흔히 흐리멍텅하게 지내면서도 그럭저럭 일생을 살아가게 되는 것을 참으로 다행한 것처럼 말한다. 하지만 무사도란 매일 아침, 매일 저녁 죽음을 생각하고 저때 죽지 않으면, 이때 죽는다는 식으로 무슨 일이든 자기를 죽음에 넣어 보고, 생에 대한 집착을 털어 버리는 것, 그것 하나뿐이다.

칼싸움에서는 목소리의 기세도 중요하다. 이번 일도 옴쭉 못하게 잡아 눌러버리는 게 상책이었다. 그래도 안 되면 목을 쳐버렸으면 될 일. 놓쳤을 때에는 "이놈 놓치지 않을 테다. 비겁한 놈, 도망칠 텐가" 등등, 때 맞춰 말을 걸고 숨통을 끊어놓아야 한다.

평소 "저 사내 제법이다"라고 평판을 듣던 자가 해치웠다. 지금이 그때다 하는 마음가짐을 갖고 있었다는 증거이다.

'횡좌의 창'横座の槍(돌발적인 사건 때 잽싸게 창을 가지고 주군을 호위한다는 뜻)도 이것이다. 평소의 마음가짐이 순간적으로 표출된 것이다. 어쨌든 평소 잘 궁리해 두어야 할 일이 많을 것이다.

주군이 있는 전각殿閣 지역에서의 살인은, 혹 놓치게 되었을 때 칼을 휘두르며 주군의 거처에 뛰어들지도 모르는 일이므로 쳐죽여 버리는 것이 좋다. 후일 그 경위 조사가 있을 때 같은 부류가 아닌가 또는 원한이 있어서 그렇게 한 게 아닌지 심문이 있을 수도 있지만, 그때에는 "오직 해치우는 일만 생각했었습니다. 죄과에 관해서는 생각해 본 일도 없었습니다"라고 해야 한다.

발타拔打(칼을 뺌과 동시에 내려치는 검법)로 목이 잘려나간 후에도 한가지 일은 훌륭히 해낼 수 있을 터. 닛타 요시사다의 마지막 순간이 그 증거다. 정신력이 약하면 그냥 넘어진다고 생각된다. 근자에는 오노 도켄의 사례도 화젯거리다. 무엇인가 하지 않으면 안 되겠다는 일념이 있기에 가능한 일이다. 무용을 위해서라면 기꺼이 귀신이 되고야 말겠다는 굳은 집념을 불살랐다면 목이 날아간 것쯤으로 죽을손가.

어떤 사람의 말씀이다.

"귀인이 명언을 잘 말씀하시는 것을 이상하게 여겨왔었는데 우연히 그 이유를 알게 되었다. 하발이들은 이득을 탐내거나 항상 비천한 것만 생각해서 마음을 더럽히고 있기 때문에, 갑자기 착한 생각이 떠오르지 않고 시가詩歌 따위도 지을 마음이 생기지 않는다. 하지만 귀인은 본래 더러운 것을 생각지 않기 때문에 청정한 마음이 자연스레 명언 같은 것을 낳게 하는 것이다."

귀인이건 천한 사람이건, 노인이건 젊은이건 깨닫고 있든 헤매고 있든 모두가 죽는다. 정작 때가 되면 죽는 걸. 누군들 죽는다는 것을 모르는 건 아니다. 다만 사람이기에 사고방식이 있어서, 자기만은 누구보다도 마지막에 죽겠거니 생각하고, 금방 죽는 일은 없을 것이라고 단단히 믿고 있는 것이다. 불쌍한지고, 덧없는 일 아닌가. 그 무엇인들 죽음을 막을 수 있을까. 꿈속의 잠꼬대 같은 것이다. 이런 깨달음에 이르면 마냥 느슨해질 수 없다. 어느날 갑자기 자기 발밑에 죽음이 다가오는 것은 확실하다. 부지런히 살아서 최후를 맞이해야 할 것이다.

한 좌중에 앉았던 젊은 사무라이가 하품을 했을 때, "하품은 꼴 보기 싫은 것이다"라는 말을 들었다. 하품이나 재채기는 하지 말아야겠다고 마음만 먹으면 일생 안 하게 된다. 마음이 풀려 있을 때 나오는 것이다. 뜻하지 않게 하품이 나오려고 하면 입을 가릴 것. 재채기는 볼을 누르면 멈춘다.

또, 술을 마시는 사람은 있어도 주연을 능숙하게 접대할 수 있는 사람은 드물다. 술자리는 공적인 자리다. 주의를 하지 않으면 안 된다.

이러한 것들을 봉공인의 소양으로서 하나씩 갖추게 해야겠다고 생각되어 정리하여 100가지 정도 써봤다. 그런데 "좀더 검토해 보자"는 말씀이다.

어떤 사람을 위문하려고 선생님(쓰네토모)과 함께 갔었다. 얼마동안 이야기하고 있다가 돌아가려고 하자 집주인이, "좀 더 계시다 가시죠. 저녁까지 계시다 가십사 말씀드리고 싶은데 손님이 오시기로 되어 있어서…"라고 말했기 때문에 이내 물러났다.

선생님은 "지장이 있다는 말을 듣고 돌아가는 것은 쫓겨난 것이나 마찬가지다"라고 말씀하셨다.

흥에 겨워 가볍게 입을 놀리는 경우가 있다. 마음이 들떠 진실

성이 없고 남 보기에도 그렇게 보인다. 신중히 생각해 보고 진실 여부를 따져본 다음 말하지 않으면 안 된다. 그렇게 하면 진실성 있는 얘기가 된다. 가벼운 인사를 할 때도 좌중의 분위기를 살펴본 다음 남의 기분에 거슬리지 않도록 생각해 본 다음 말을 걸도록 하라. 단 무사도에 관해서나 자기 가家의 일을 나쁘게 말하는 사람이 있으면 그때는 가차없이 해치워라. 이런 것은 평소에 늘 염두에 두어야 한다.

의논해야 할 일은 미리 한 사람과 잘 타협해 놓고 그리고 상의해야 할 사람들을 모아 결정해야 된다. 그렇지 않으면 원한이 생긴다. 또한 중요한 문제는 직접 관련이 없는 사람, 은거한 사람, 또는 출가 등으로 세속을 멀리해 있는 사람들의 비판을 받아보는 것도 좋다. 중립적인 입장에 있기 때문에 도리가 잘 보이는 것이다. 같은 동료들에게 상담해 봤자 각자의 이익에 치우치는 말밖에 안 한다. 아무 쓸모 없는 짓이다.

공적인 자리와 사적인 자리, 전시戰時와 평상시 각각 그 경우를 별개라고 생각하고 있기 때문에 갑작스레 그런 입장에 처하게 되었을 때 어찌할 바를 몰라 허둥대게 된다. 일은 항상 때를 가리지 않고 생기는 것이다. 평상시에도 용기를 발휘할 줄 아는 사람이라야 싸움터에 뽑혀 나갈 수 있다.

잇테이 선생님을 뵈었을 때, "저희 가가 멸망하는 일은 결코 없을 겁니다. 왜냐하면 나는 죽고 또 죽는 한이 있어도 나베시마 가의 부하로 다시 태어나 나 혼자서라도 가를 지킬 것입니다"라고 하자 스님께서는 "대담한 소리를 하는군"이라며 웃으셨다. 24,5세 무렵의 일이다. 후일 잇테이 선생님은 다쿠모토卓本 스님에게 "귀국에 별난 사내가 나왔더군요. 옛 사람들과 비교해도 손색이 없는 사내입니다"라고 말씀하시더라는 얘기다.

신은 추악함을 싫어한다고 하는데 나로서는 매일 신께 비는 일을 게을리한 적이 없다. 그것은 싸움터에서 피를 뒤집어쓰고 전사자를 타고 넘으며 싸울 때의 무운武運을 빌기 위해서 평소에 믿음을 갖고 있는 것이다. 그런데 추악하다 하여 등을 돌리는 신이라고 해도 아랑곳하지 않고 추악하건 말건 개의치 않고 신께 배례하고 있다.

큰 난이나 변을 당했을 때에도 한 마디, 좋을 일이 있을 때에도 한 마디, 간단한 인사치레 때에도 한 마디로 끝내야 한다. 다만 심사숙고해서 말해야 함은 물론이다. 말 한 마디로 꼼짝 못하게 되는 것이다. 그럴려면 평소에 마음을 가다듬어 두어야 한다. 이것은 설명하기가 힘들다. 모두 마음 쓰기에 달려 있는 것이다. 마음의 수련을 쌓은 사람이 아니면 이해하기 힘들 터이다.

선생님이 어떤 사람의 집에서 말씀을 하고 계셨을 때 스님 한 분이 왔다. 선생님은 상좌에 앉아 있었는데 성큼 끝자리로 옮기신 다음 깍듯이 인사를 올리고 나서 본래의 자리로 돌아갔다. 전에 교훈으로 익혀온 예절 그대로다.

사람의 일생은 짧다. 좋아하는 것을 하면서 살아갈 일이다. 꿈과 같이 덧없는 한 세상 좋아하지도 않는 일을 하면서 고생을 겪으며 산다는 것은 어리석은 짓이다. 섣불리 이런 말을 했다간 해가 되는 것이므로 젊은이들에게는 절대 말하지 말기를 당부하고 싶다. 나는 잠자기를 즐겨한다. 지금의 처지에 맞추어 이제 외출도 삼가고 누워서 살아갈까 한다.

부끄러움을 뉘우친다는 것은 그릇에 담긴 물을 뒤집어 쏟아버리는 것과 같은 것이다. 어떤 분의 고가이(무사들이 머리를 빗을 때 쓰는 비녀처럼 생긴 것)를 훔쳐간 자가 자백하는 상황을 들었는데 가엾은 생각이 들었다. 바로 회개하면 물이 맑아지듯 죄끝도 사라져가는 것이다.

뭔가 좀 아는 사람은 자신의 장점도 단점도 알고 있다고 생각하고 있기 때문에, 그것이 남에게 자만하는 듯한 느낌을 준다. "참으로 장점, 단점을 안다는 것은 어려운 일이다" 라고 가이온 스님이 말씀하셨다.

첫인상에 그 사람의 좋은 점이 그대로 위엄으로 나타나는 것이다. 말수가 적은 점, 예의 바른 것, 행동거지가 침착한 면, 어금니를 굳게 물어 눈빛이 날카로운 점 등 각기 나름대로의 위엄이 있다. 요컨대 긴장된 정신과 바른 신념이 인격의 기초를 이루고 있는 것이다.

탐貪(탐욕), 진瞋(노여움), 치痴(어리석음)라고 잘도 구분해 놓은 것 같다. 세상의 궂은 일이 생겼을 때 갖다 맞춰보면, 이 세 가지에서 벗어난 것은 없다. 반면 좋은 일 치고 지智, 인仁, 용勇에 합당하지 않은 것이 없다.

나카노 가즈마의 말씀이다.

"다도에서 낡은 도구를 쓰는 것은 부끄러운 일로서 새 그릇으로 깨끗하게 하는 것이 좋다는 사람이 있는가 하면, 낡은 도구는 사치스럽지 않아서 쓰는 것이라고 생각하는 사람도 있다. 모두 다 틀렸다. 낡은 도구는 미천한 사람이 다루던 것이라도 익히 쓰여진 덕이 스며 있기 때문에 고귀한 분들의 손이 닿기도 하는 것이다. 덕을 중히 여기기 때문에 그런 것이다. 주군을 섬기는 것도 마찬가지다. 아래로부터 높은 지위로 올라간 사람은 덕이 있기 때문이다. 가문이나 성씨와 혈통도 없는 자들과는 동석할 수 없다든가, 어제까지 졸병이었던 자를 우두머리로 모시는 것은 싫다고 생각하는 것은 아주 잘못된 일이다. 처음부터 그런 자리에 있던 사람보다 아래서 위로 올라온 사람이야말로 그 덕을 존중해주고 존경하지 않으면 안 되는 것이다."

아버지 진에몬의 분부로 어린 시절 거리 바람도 쏘이고 사람들과 익숙해지도록 하기 위해서 당나라 사람의 거류지 출교出橋(개화전 외부인들의 임의 통행을 통제하기 위해 개천을 경계로 거류지를 정하고 다리를 놓아 검문을 거쳐 나들게 함)까지 때때로 심부름을 나갔었다고 한다. 5세 때부터 아버지를 대신해서 가를 방문했었고 7세 때부터 몸을 튼튼히

하기 위해 무사용 짚신을 신었으며 선조를 모신 절을 참배시켰다고 한다.

슌가쿠春岳 스님의 말씀.

“어느 책에 ‘게 섰거라’로 기선을 제압하면 두 사람 몫은 해낸다라고 되어 있다. 이것 참 재미있는 말이다. 그 자리에서 못 다한 일은 일생이 걸려도 해결 못한다. 그때 혼자 힘으론 도저히 안 될 것 같은 일이라도 두 사람 몫의 힘을 발휘하면 해결되는 것이다. 나중에 해야 되겠다고 생각하면 평생 못 하고 만다. 또 ‘왼발을 내딛고 철벽을 뚫어라’는 말도 재미있다. 그 자리에서 뛰어들어 순식간에 밟아 부수는 것은 왼발 첫걸음부터다. 그렇게 약진하는 기세를 가지고 있었던 사람은 일본 개벽 아래 히데요시 한 사람뿐인 것 같다.”

별일도 아닌데 유난스럽게 강조하면서 상세히 말하는 사람은 거의 그 이면에 무언가를 감추고 있는 것이다. 그것을 얼버무려 감추려고 하기 때문에 장황하게 지껄이게 되는 것이다. 듣고 있으면 미심쩍은 생각이 든다.

선생님께서 어떤 사내에게 충고하신 것.

"그대는 품행이나 마음가짐이 요즘 사람들 중에서는 아주 뛰어나 좋은 일이긴 한데 한층 더 분발해서 목표를 높은 곳에 두었으면 좋겠어. 지금 그대로는 아까워. 예藝(노래, 춤, 샤미센 등)를 좋아한다는 소문이 있던데 그건 격이 낮아. 설사 명인이 되어 주군을 위해 보람이 된다 해도 그것은 선조 이래의 무사를 그만두고 재주꾼이 됐다는 얘기를 듣는 거야. 나베시마 가의 사무라이는 예가 몸을 망친다고 알고 있는데 바로 이것을 두고 이르는 말이지.

폐일언하고, 별볼일 없는 남자라면 그것도 좋아. 목표를 높은데 두라는 것은, 저 사내는 무사로서 훌륭한 부하로 보여서, 상부에서 사람을 물색할 때 가로로 발탁되는 것을 말한다. 인재가 없을 때에는 사소한 허물쯤은 가려져버리는 것. 국정에 참여하는 충절 말고 더 무엇이 있겠는가. 설혹 발탁이 안 된다 하더라도 하나의 각오를 갖고 있다는 것만으로도 주군을 위한 보람이 된다는 것이다. 그런 사람이라면, 모르면 모르되 큰일이 일어나면 남 모르게 의논을 하실 거야. 그런 때 상담역이 되어드리는 것도 어엿한 충절이 아닌가. 뜻이 있는 사람이라면 그냥 내버려두지 않을 거야. 그런 점에 유념해 두도록."

"그것은 연습이나 수련으로 될 수 있는 것인지요."

"쉬운 일이야. 한시도 마음을 놓지 말고 뛰어난 도리를 찾아내는 것뿐이야. 조금만 노력하면 할 수 있어. 또 열흘도 안 되어 나라 안에 이름이 울려 퍼지게 하는 방법도 있지. 어떤 스님과 친하다는 소문이 있던데, 그 스님을 모두가 어려워하고 있다더군. 남을 깜짝 놀라게 하는 게 장기라는데, 그런가 하면 사람을 감복시키는 비법 같은 것도 가지고 있는 분이지. 그래서인데 그대 내일이라도 스님을 찾아가서 무슨 말이 나오걸랑 그것을 조리있게 설파해서 당황하게 만들고, 그보다 한수 위의 논리로 설복시켜 버리는 거야. 그렇게 되면 모두가 놀라 '스님이 논쟁에서 지셨단다' 소문이 돌아 큰 평판이 되지 않겠는가. 거물을 해치워야만 평판이 나거든."

"하지만 예사스런 스님이 아니라서 말입니다."

"그렇게 망설이고 있으니까 대업을 이루지 못하는 거야. 누구인들 한 발도 밀리지 않겠다는 의지로 대들지 않고선 발전이 없어. 요시쓰네공이 사람은 지 · 인 · 용이 아니라 용 · 지 · 인이라야 된다고 말한 것도 귀담아 들어야 할 일이야. 요즘 세상에도 40세이전에는 용 · 지 · 인이지. 세상에 나와 있는 사람은 40이 넘어도 용 · 지 · 인이 되도록 마음쓰지 않으면 남보기에도 패기가 없어 보일 거야. 그 스님도 그 용 · 지 · 인을 가지고 떠들고 돌아다녀서 유명해진 거야. 한 가지 주의해 두겠는데, 주군에 관한 일, 가家에 관한 일은 설혹 자기의 판단이 옳고 앞선 것이라고 생각되더라도 아무에게나 말하지 말 것. 묘한 일이지만 지당한 말씀이옵니다 라고 그럴듯하게 여러 사람이 따르도록 칭찬해서 우러러 받들게 하는 것이 충의이거든. 여러 사람에게 불신감을 심어주는 것은 불경스러운 일이다. 사람의 마음이란 변하기 쉬운 것이라, 한 사람이 칭찬하면 그냥 그쪽으로 기울고, 나쁘게 비방하면 금세 나쁘다고 생각한단 말이야. 지난 해 다른 가문으로부터 오라는 제의를 받았다고 들었는데, 그런 때는 정나미 떨어지게 호되게 거절해 버리는 게 좋아. 의를 상하지 않게 하려고 적당히 얼버무려 놓으면 수상쩍은 놈으로 의심받게 돼. 이런 일로 동료들한테 배반당해 마음 상하는 일이 종종 있어. 설사 굶어 죽는 한이 있을지라도 주군을 섬기는 부하라면 주군에게 등을 돌리는 따위의 짓은 부처나 신의 권유가 있었다 하더라도 돌아보지 않겠다고 결심하고 꺼져버리는 게 좋다."

어떤 경우라도 말썽이 생길 만한 말은 삼가야 된다. 조심해야 할 일이다. 세상 이것저것 까다로운 일이 일어나면 휩쓸려서 영문도 모른 채 그 일에만 몰두하는 수가 있다. 그런 때 무슨 말을 하는 것은 쓸데없는 일이다. 말다툼 아니면 싸움이 되든가 그렇지 않으면 말로 인한 재앙을 불러일으켜 적을 만들고 원한을 사게 된다. 그런 경우에는 외출을 삼가고 노래라도 읊는 게 좋다.

남의 말을 하는 것은 큰 잘못이다. 칭찬하는 것도 화가 될 수가 있다. 어떻든 자기 자신을 잘 알고 자기의 도를 닦는데 정진하여 말조심하는 것이 제일 좋다.

덕이 있는 사람은 마음에 여유가 있어서 매사를 서두르지 않는다. 소인은 차분하지 못해 자주 부딪치고 요란을 떤다.

영리한 사람은 의도했든 의도하지 않았든 지혜로 치장하고 핑계를 달아 그것으로 밀어붙일 수 있다고 생각한다. 지혜의 해독이 되는 바이다. 무슨 일이든 진심이 없으면 가치가 없다.

소송이나 논쟁에서 빨리 지는 편이 멋진 패배가 되는 경우가 있다. 씨름과 같은 것이다. 어떻게든 이기려고만 버티다가 지저분한 승리를 하게 되면 지는 것보다 못하다. 결국은 이겼지만 수치스런 패배가 되고 마는 것이다.

자기와 타인의 차이를 너무 골똘히 비교해, 사람을 미워하고 겉과 속이 다른 교제를 하는 것은 관용이 부족하기 때문이다. 모든 것을 관용으로 감싸안으면 부딪칠 일도 없다.

조금 아는 걸 가지고 아는 체하는 것은 미숙한 탓이다. 잘 알고 있는 사람은 아는 시늉조차 안 한다. 속이 깊은 까닭이다.

방문할 때에는 미리 알려놓는 것이 좋다. 상대가 곤란한 상태에 있을지도 모르고 걱정거리가 있는데 간다는 것은 실례되는 것이다. 일반적으로 초청받지 않았으면 안 가는 것이 가장 좋다. 마음의 친구란 그리 많은 것이 아니다. 부름이 있었다 해도 주의하지 않으면 안 된다. 오래간만의 만남이 아니면 반가움도 적은 것이다. 위문 방문 같은 것은 실패가 많다. 그렇지만 나를 찾아온 사람에 대해서는 설령 이쪽에 지장이 있다 할지라도 소홀히 해서는 안 된다.

좋은 일도 지나치면 나빠진다. 의논, 설교, 교훈도 말이 길면 해가 된다.

아첨꾼에다 출세욕이 있고 간사한 지혜가 있는 자는 주군을 어루꾀어서 자신의 입신 출세에만 재간을 부린다. 주군의 마음에 들게 하는 비법을 터득한 자들은 웬만해선 사악한 면이 드러나지 않는다. 간사함은 잘 보이지 않기에 이에야스공도 오가 야시로大賀彌

四郎에게는 속아넘어가고 있었던 것이다. 이런 부류는 대개 신참자나 벼락 출세자에게 흔히 있다. 대대로 섬겨온 가신에서는 별로 없는 일이다.

아버지 진에몬은 "여자아이는 기르지 않는 게 좋다. 가문의 이름을 더럽히고 어버이에게 수치를 안겨 주게 된다. 장녀는 어쩔 수 없겠지만 그 외는 버리도록 하라"고 말씀하고 계셨다.

은혜를 입은 사람, 친하게 지낸 사람 그리고 제 편인 사람에게는 잘못이 있어도 조용히 충고하여 좋게 수습해서 세간에 나쁜 평판을 없애준다. 그런 다음 칭찬해 주고, 둘도 없는 힘이 되어줄 것을 조용히 납득시키면 결점도 고쳐지고 좋은 인물이 된다. 치켜주면 마음도 달라지고 자연히 나쁜 행위도 고쳐지는 것이다.

어떤 사람이 말했다. "의지意志라는 것은 속엣 것과 겉으로 나타나는 것 두 가지가 있다. 겉과 속 어느 쪽에도 의지가 없다면 아무런 쓸모가 없는 것이다. 예를 들면 칼의 몸체〔刀身〕 같은 것으로, 칼은 잘 갈아서 이따금 뽑아서 손질한 다음 잘 닦아서 칼집에 넣어두어야 한다. 칼을 뽑아들고 쉴새없이 휘두르기만 하는 사람에게는 사람이 접근하지 않고, 제 편조차 멀리 가버린다. 그렇다고 칼집 속에 넣어두기만 한다면 녹이 슬고 날도 무디어져서 남들이 사뭇 깔보게 된다."

잔재주로는 일을 성공적으로 해낼 수 없다. 크게 보지 않으면 안 된다. 좋고 나쁘다는 결정은 속단하지 말아야 한다. 그렇다고 꾸물거려서도 안 된다. 결단 내릴 시점에서는 재빠르게 결심해서 해결해야만 진정한 무사라고 할 수 있다.

젊은 시종 5~6명을 태우고 올라가던 배가 상선商船을 받아버리고 말았다. 상선의 뱃사람 5~6명이 이쪽 배에 뛰어들어 항해규칙에 따라 닻을 내놓으라고 큰소리쳤다. 시종들은 그 말을 듣자 큰 소리로, "그것은 너희들 같은 배들끼리의 규칙이지 무사가 탄 배의 도구를 빼앗겨서야 될 말이냐. 한 놈 한 놈씩 목을 잘라 바다에 던져 버려라"고 외치자, 뱃사람들은 쏜살같이 도망쳐 버렸다.

이런 때에는 무사로서의 방식이 있는 것이다. 사소한 일이라면 고함만 질러서 끝내는 편이 좋다. 별일도 아닌 것을 가지고 지나치게 큰 일로 대응하다가 때를 놓치고 돌이킬 수 없는 일이 되어 실패하는 경우도 있다.

어느 사내가 출납부 결산에서 계산이 맞지 않게 되었다. 그래서 윗사람에게 "금전 문제로 할복하게 하는 것은 애석한 일입니다. 윗분 입장에서 채워주시면 어떻겠습니까"라고 말한 즉, "참 그렇군"이라며 돈을 내주어 결제했다. 나쁜 일도 밖으로 새어나가지 않게 하는 방법이 있다.

사람이 성질이 급하면 큰일을 할 수 없다. 그르치게 되는 것이다. 얼마가 걸려도 해내고야 말겠다고 느긋하게 버티고 있는 편이 오히려 빨리 성취할 수 있는 것이다. 즉 시간이 내 편이 되어주는 것이다.

지금으로부터 15년 앞일을 생각해 보자. 세상이 굉장히 변해 있을 거다. 〈미래기〉未來記라는 책에도 그렇게 변할 것이라는 말은 없다. 지금 주군을 섬기고 있는 사람도 15년이 지나면 한 사람도 없게 된다. 지금의 젊은이들이 자진해서 나온다고 해도 절반도 안 남을는지도 모른다. 세상도 사람의 값어치가 점점 내려간다. 금이 없어지면 은이 보배가 되고, 은이 없어지면 동이 보배가 되듯이 사람의 기량도 저하될 것이므로 조금만 분발하면 충분히 주군을 섬길 수 있다.

15년쯤이야 눈 깜짝할 사이다. 신중히 처신하면 언젠가는 소원을 성취해서 주군을 섬겨 보람을 얻게 될 것이다. 명인이 많은 시대에는 눌려 지내지만 세상 사람들의 값어치가 떨어지는 시대라면 그 중에서 두각을 나타내는 것은 쉬운 일이다.

노력해서 사람의 버릇을 고치려 하면 못 고칠 턱이 없다. 양자養子들도 자기를 닮아라, 나처럼 해라, 라고 자꾸 이르면 아비를 닮아가는 것이다.

간신이 설치거나 바른 정치가 행해지지 않을 때면 관계없는 사람까지 해이해지고 염증을 일으켜 업무에는 힘쓰지 않으면서 마구 소문만 수군거리게 되는 것이다. 이런 때에는 무엇보다 입을 조심하지 않으면 안 된다.

이때 주의하지 않으면 안될 것이 있다. 가家가 그렇게 되었을 때 주군께서는 어떻게 하실 건가 걱정하면서 이렇게 근무하기 힘들 때일수록 더 한층 노력을 아끼지 말고 주군께 보탬이 되도록 섬기지 않으면 안 되는 것이다.

전통있는 가문이라면 간신이 몇 명이 됐건, 또 위에서 정치를 잘못했건 10년 내에 금방 쓰러지는 것은 아니다. 20년쯤 계속된다면 위태로울 수도 있을 것이다. 이런 점을 잘 이해해서 10년이 되기 전에 가를 재건하고 지탱해야겠다는 생각을 가져야 된다. 아무 관련도 없는 자들마저 될 대로 되라는 식으로 가의 어려움을 퍼뜨려서, 밑 빠진 소쿠리마냥 좋지 않은 소문이 밖으로 흘러나가 10년도 되기 전에 멸망하고 만다. 좋지 않은 일은 대개가 안에서 밖으로 새어나가 가를 망하게 하는 것이다.

무슨 일이든 남의 단점을 미워하지 않는 게 좋다. 쓸데없이 적을 만들어 해가 되는 것이다. 나쁜 사람도 이편을 신뢰하게 만들어놓고 기회를 봐서 인간이 되도록 해주어야 한다.

기세만 굳건하면 말이나 행동이 무사도에서 벗어나지 않은 것처럼 보인다. 이것을 사람들은 칭찬한다. 그래서 스스로 자기 마음에 물으면 자신있게 답할 수 없을 때가 있다. "마음에 묻노니…"라는 구절은 도를 닦는 사람에게 필요한 심오한 경지를 이름하는 것이자 좋은 감시역인 것이다.

연륜이 많은 사람의 말을 들을 때에는 설혹 그것이 알고 있는 것일지라도 깊이 공경하는 마음으로 들어야 한다. 같은 것이라도 열 번 스무 번 듣다 보면, 돌연 짜릿하게 가슴에 와 닿는 때가 있다.

사안에 따라서는 주군의 분부이든 사람들의 호의든 아랑곳하지 않고 자신의 의지대로 무슨 일을 해치우지 않으면 안 되는 경우가 있다. 결국 그것은 '오로지 한 길 주군을 위해서'라는 신념만 있다면 사리에 어긋나는 것이 아니다.

어떤 사내가 영부인 소속이었는데 영부인이 돌아가셨을 때 위로부터 머리를 풀어서는 안된다는 지시가 있어 그렇게 했다. 그런데 주군 쪽에서 영부인으로 파견되어 있던 사람들이 머리를 풀고 있는 터라 그 사내는 모양새가 어색해져 결국 머리를 풀게 되었다. 이런 때에도 나리의 기분이 어떠하시든 또 어떤 지시가 있건 일체 곧이 듣지 말아야 하는 것이다. 나리도 가로도 상관없는 일이다.

| 제 3 장 |

용기와 결단

조금 아는 걸 가지고 아는 체하는 것은 미숙한 탓이다.

잘 알고 있는 사람은 아는 시늉조차 안 한다.

속이 깊은 까닭이다.

용기와 결단

언젠가 나오시게공이 말씀하셨다. "의리만큼 감동 깊은 것은 없다. 사촌이 죽어도 눈물 한 방울 흘리지 않은 적이 있는데, 인연도 연고도 없고 보지도 듣지도 못한 50년, 100년 전 사람의 이야기를 듣고 의리 때문에 눈물을 흘려버린다."

히데요시공이 사쓰마薩摩 정벌 때, 한 참모가 선봉을 맡은 류조지 부대의 진군이 병법에 어긋나고 있으니 행렬을 고치자고 진언했다. 그 말을 들은 히데요시공은 "싸움에는 병법이 없다. 적에 이기는 것이 병법이다. 류조지는 큐슈의 용장이다. 저런 전술로 이겨 온 것이야. 안 해도 될 말을 해서 창피를 사는구나"라고 참모를 꾸짖으셨다.

사가성佐賀城이 완공되자 "나오시게공께서 한번 봐주셨으면 좋겠습니다"라는 청이 있어, 나오시게공이 가마를 타고 갔었다. 가쓰시게공(나오시게의 아들)은 닷쓰케하카마(무릎께를 끈으로 묶어 아랫도리를 간편하게 한 치마 바지)를 입은 바지런한 차림으로 마중하고 안내하면서 건물과 시설을 낱낱이 설명하셨다. 나오시게공은 측근에게 "가쓰시게는 적이 쳐들어왔을 때만을 염두에 두고 설명을 하는데 일단 유사시에 할복할 장소를 잊고 있는 것 같애"라고 말씀하셨다.

나오시게공은 대체로 성 쌓기라든가 방어진 따위는 대충 대충 하시고, 오직 가내의 화和를 중히 하시고 주군을 생각하는 마음을 갖도록 힘쓰셨다. 만일의 경우에는 상하가 일치 단결하여 돌격해서 베어 무너뜨리는 것이 제일 중요한 일이라고 생각하고 계셨다 한다.

또 전술 등은 자기 이외 어떤 가신에게도 알리지 않는 것이 그의 방식이었다. 전투가 시작되기 전에 단 한 마디로 해결할 수 있는 장치와 비법이 있었다는 얘기다. 작전은 극히 조그마한 것일지라도 가에 소속된 자가 알게 되면 자연히 적 측에 새어나가 작전이 제대로 진척되지 않을 우려가 있다는 것이다. 승책勝策이라 일컫는 전술은 영주 계승 때 전수傳授했다고 한다. 또 고시로小城의 나베시마 가에서도 대대로 내려오는 전술 13개조가 있다고 한다.

나오시게공이 치라쿠千栗에 나들이 가셨을 때 "이 마을에 90세

나베시마 나오시게의 초상

가 넘은 노인이 있습니다. 장수하고 있음은 축하해 줄 만한 일이오니 알현을 윤허해주시기 바랍니다"고 진언한 즉, 공께서는 "그처럼 불쌍한 사람이 어디 있단 말인가. 얼마나 많은 자식과 손자의 죽음을 목격했겠느냐. 무엇이 축하해 줄 일이란 말인가"라고 말씀하시며 만나 주시지 않으셨다.

류조지 다카노부龍造寺隆信공이 시마바라 전투에서 전사한 뒤 나오시게공은 그의 영전에 "이 사람 시마바라에서 저승길에 벗했어야 할 일인데 무슨 일이 있어도 사쓰마에 원수를 갚아야겠다는 일념으로 목숨을 이어왔습니다. 바로 사쓰마에 쳐들어가려고 했었지만 용사들은 시마바라에서 전사해 버리고 살아 남은 사람이라곤 노약자뿐이라 뜻대로 되지 않아 어떻게 하질 못하고 있습니다. 또 원수를 갚기 전에는 장례식도 받아주지 않으리라 생각되어 미루고 있습니다. 바라건대 사쓰마 토벌의 염원이 성취되도록 보살펴 주소서"라고 기원하셨다.

그런 동안에 도요토미 히데요시공이 사쓰마 정벌에 나서 큐슈로 내려갔기 때문에 나오시게공은, "사쓰마는 저희들의 숙적이오니 선봉을 맡겨 주시옵소서"라고 청해 승낙을 얻었다. 그리고 다카노부공의 영전에 "이번 사쓰마 정벌의 선봉에 서게 되었습니다. 소원을 이루고 돌아오게 되면 성문 앞에 절을 하나 세워서 장례를 치르고 또 영구히 우리 가의 수호신으로 받들고자 합니다. 더욱 보

나베시마 가쓰시게의 초상

살펴주시옵소서"라고 빈 다음 출진하였다.

사쓰마가 항복하게 되자 히데요시공께서 포상으로 류조지 마사이에政家(다카노부의 아들)공에게는 하시바羽柴라는 이름을 내리고 나오시게공에게는 고소데小袖(통소매의 평상복) 두 벌을 내려주셨다. 개선 후 다카노부공을 위해서 절을 세우고 7주기 제사와 장례식을 비로소 치렀다.

나오시게공은 손자 모토시게元茂 공에게 "신분이 높거나 낮거나 때가 되면 가는 멸망하는 것이다. 그때 가를 멸망시키지 않으려고 무리를 하면 추하게 멸망하는 꼴을 보이게 된다. 때가 되었다고 판단되면 과감하게 멸망하도록 처리해야 한다. 그렇게 하면 오히려 되살아나는 수도 있는 것이다"라고 말씀하셨다 한다.

다카노부공이 천하에 위세를 떨치던 어느 날 밤 주연을 베풀었다. 한참 주연이 무르익는 중에 하녀들이 뜰 한구석에 사람의 그림자가 얼씬거린다고 웅성거렸다. 그러자 다카노부공이 마루 끝에 나가 "누구냐"고 소리치며 꾸짖었다. "나오시게입니다"라고 답하며 나오시게공이 창을 들고 나타나는 것이었다.

"무슨 일로 그런 데 있었단 말인가"라고 묻자, 나오시게공은 "세상에 적이 득실거리는데 마음을 놓으실 때가 아닙니다. 오늘

밤 술자리가 펼쳐진다는 말을 들었기에 걱정이 되어서 경비를 서고 있던 중입니다"라고 말씀드렸다.

다카노부공은 대단히 감탄하시고 "여기 와서 술이나 들구려"라고 말씀하셨다. 나오시게공이 잔칫방에 들어가는데 추위 때문에 손이 얼어붙어 창에서 손이 떨어지지 않았다고 한다.

아키安藝 나리(나베시마 시게노리)가 나오시게공을 뵈올 일이 있어서 산노마루三丸를 방문했는데 안 계셨기 때문에 "어딜 가셨는지" 찾았지만 알 수가 없었다. 다음날 또 방문했지만 행방을 알 수가 없었다. 여러 사람이 나서서 사방을 뒤진 결과 어렵사리 모퉁이 망루에 올라가 계신다는 것을 알았다. 아키 나리가 망루에 올라가 "어째서 이런 곳에 계시옵니까"라고 물은 즉, 공께서는 "2~3일 여기서 나라 사정을 보고 있었지"라고 말씀하셨다.

"그건 또 무슨 일로…"라고 묻자 공께서는, "지나가는 사람들을 보고 있노라니 생각에 잠겨버렸다. 참으로 통탄스러운 일이지만 히젠肥前 국의 창끝이 둔해져버린 것 같다. 그대도 각오를 단단히 해두지 않으면 안될 것이야. 지나가는 사람들을 보고 있노라니, 대부분이 눈을 내리 깔고 아래만 보고 걸어다니게 되어버렸다. 기질이 나약해진 탓일 거야. 인간은 씩씩한 데가 없으면 창을 찌를 수 없는 것. 규율을 지키고 정직해야 되겠다는 생각만 하고 마음이 움츠러져 버리면 남자의 일을 할 수 없다. 때로는 큰 허풍을 떨 정도의 기세등등한 근성이 무사에겐 필요한 것이다"라고 말씀하셨다.

사이토 사도齊藤佐渡라는 무사는 젊었을 때부터 무예가 출중하여 여러 번 공을 세웠기 때문에 나오시게공이 특히 관심을 갖고 거느리고 있었다. 그런데 처세가 서툴러 평화시에 제대로 봉직하지 못해 그날 그날의 끼니를 꾸려나가기 어려울 지경에 처해 있었다.

하루 밤도 넘기지 못할 형편인지라 할복하자고 말을 꺼내자 아들 요노스케用之助는 "무슨 일이든 좋으니까 해보는 게 어떻겠습니까"라고 했다. 사도는 "더러운 짓을 해서 살아 있으면 뭘 해, 뭔가 엄청난 짓이라도 해서 죽는다면 더 바랄 게 없겠다만"이라고 대답했다. 아들도 맞장구를 쳤다.

그래서 부자가 함께 다카오高尾의 다리에서 기다리고 있는데 쌀을 실은 말이 지나갔다. 한두 말에는 눈길도 주지 않고 열 마바리가 한데 뭉쳐 지나가는 것을 보고 부자가 함께 칼을 휘둘러 마부들을 쫓아버리고 그 쌀을 탈취했다.

이 일이 세간에 알려지고 쌀 주인의 보고에 따라 가로 평의회의 심의를 거쳐 가쓰시게공에게 품신한 결과 사형으로 결정이 났다.

가로들이 나오시게공에게 그들 부자의 사형 건에 관하여 보고드렸다. 나오시게공은 깊이 한탄하시며 아무 말씀도 안 하셨다. 가로들이 가쓰시게공에게 돌아와 자초지종을 말씀드리자 가쓰시게공은 깜짝 놀라 사도 부자의 사형을 중지시키고 가문에서 쫓아내 낭인이 될 것을 분부한 다음 그 사실을 아버지 나오시게공에게 말씀드리기 위해 다시 가로를 보냈다.

나오시게공은 가로를 불러 놓고, "저간에 있었던 낮강도는 내가 시킨 거나 진배없는 일이다. 여러 번 공을 세워 이름을 떨친 자이지만 평화시에는 일자리가 신통치 못해 전시 때 같지 않아 상응한 예우를 못해 주었다. 순탄한 세상이라 나도 잊어버리고 있었다. 그것에 화가 나서 그런 짓을 했겠지. 주인으로서 면목없는 일이다. 사형에 해당하는 죄인인데도 불구하고 가쓰시게가 내 체면을 세워주느라 낭인이 되라고 한 것은, 그 효심이 고맙고 기쁘기 이를 데 없다. 아까는 그러한 몹쓸 짓을 한 놈을 살려달라는 말을 차마 할 수가 없어서 대답도 못했었다"고 말씀하셨다.

그후 사도에게 쌀 10석을 하사했다. 나오시게공이 타계했을 때 사도가 순사殉死하겠다고 청원했었는데, 가쓰시게공께서 "그 마음으로 나를 섬겨라"고 만류했지만 사도는 끝내 휴가를 내서 할복하고 말았다. 그의 아들 요노스케도 뒤를 이어 할복 순사했고, 손자가 훗날 가쓰시게공의 서거 때 순사했으므로 부자 3대가 따라 한 셈이다.

요코 우치구라노스케横尾內藏之丞는 창의 명수로서 나오시게공도 특히 눈여겨보고 있었다. 손자 모토시게에게도 "우치구라노스케가 젊어서 한창일 때에는 싸움터에서의 창 쓰는 솜씨를 너에게 보여주고 싶을 만큼 참으로 볼 만했었다"고 칭찬할 정도였다. 우치구라노스케도 그 자애로움을 고맙게 여기고 순사하며 뒤를 따르겠다는 서약서를 바쳐놓고 있었다.

그런데 농부와 재판이 벌어져 우치구라노스케가 잘못했기 때문에 지고 말았다. 그렇게 되자 우치구라노스케는 화를 내며 "농부에게 웃음거리가 된 주제에 순사라니 가당키나 한 일인가"라며 서약서를 돌려달라고 했고, 나오시게공도 "한쪽이 좋으면 한쪽은 나쁜 거야. 무예는 뛰어나지만 세상사에 어두워서 애석한 놈이야"라고 말씀하시며 서약서를 돌려주셨다.

가쓰시게공의 말씀이다.

"중대한 문제에 부닥쳐 어찌하면 좋을지 모를 때에는 한참 동안 눈을 감은 채 만약 아버지 나오시게님이시라면 어떻게 하셨을까 하고 생각하면 해법이 떠오른다."

다다나오忠直공(가쓰시게의 적자)이 15세 무렵, 취사장 머슴이 무례한 짓을 했다는 말을 듣고 어떤 하급 무사가 때려 주었는데 머슴이 하급 무사를 칼로 쳐 죽여버렸다.

그래서 가로들이 상하 신분도 가리지 못하고 칼질을 했으므로 사형을 내려주십사 청했다. 다다나오공은 그 말을 듣자 "상하 예의를 벗어난 것과 무사도를 그르친 자와는 어느 쪽이 더 잘못인가"라고 물으셨다. 가로들이 대답을 못하고 있자, 다다나오공은 "죄가 의심스러울 때에는 가볍게 처한다는 것을 책에서 읽은 적이 있다. 한 동안 옥에 가두어 두도록 하라"고 분부하셨다.

다다나오공의 측근이 괘씸한 짓을 저질렀기 때문에 사형이 결정되고 공께서도 집행하도록 분부를 내리셨다. 그러자 어머니이신 고겐인高源院님께서 구명을 탄원하셨다. 다다나오공은 좋지 않은 선례가 될 것이기 때문에 살려줄 수 없으며, 어머니일지라도 여자가 입방아를 찧는다는 것은 좋지 않은 일이니 두 번 다시 꺼내지 마십사고 무정하게 거절해 버렸다.

그러나 고겐인님은 곧이 듣지 않고 세 번이나 여러 이유를 들어 사람을 보내셨다. 이윽고 다다나오공도 "그렇게까지 말씀하시니 잘 잘못은 차치하고 살려주도록 하겠습니다"고 말씀하시며 어머니의 청을 받아주셨다. 그렇다고 이 건은 죄를 용서해 주는 것이 아님을 어머님께 말씀드리고 그렇게 처분하셨다는 얘기다.

시로이시白石에서 사냥을 할 때 가쓰시게공이 큰 멧돼지를 명중시켰다. 모두 달려가서 "참으로 귀한 걸 잡으셨습니다"라며 구경을 하고 있었는데, 멧돼지가 갑자기 일어나 도망을 쳤다. 그 때문에 구경하고 있던 자들이 깜짝 놀라 혼비백산 해버렸다.

곁에 있던 무사 하나가 그 멧돼지를 다시 쓰러뜨렸지만 가쓰시게공은 "눈에 먼지가 들어갔나 보다"라며 소매로 얼굴을 가리셨다. 이것은 허둥대는 자들의 꼴을 보지 않으려고 그리 하신 것 같다는 얘기다.

가쓰시게공이 젊었을 때 아버지 나오시게공께서 "사람 베는 것을 익히기 위해 사형수를 베도록 하라"고 분부했기 때문에 지금의 서문西門 안에 10명을 나란히 세워 놓고 9명까지 베고 나서 열 번째 사내가 건장해 보이는 젊은이임을 보시고 "이제 지쳤다. 그자를 살려두어라" 하시며 살려주셨다.

가쓰시게공은 평소 네 종류의 부하가 있다고 말씀하셨다. 즉 '빠르고 느림' '느리고 빠름' '빠르고 빠름' '느릿 느릿'이다.

'빠르고 빠름'은 시키는 말을 바로 이해하고 일을 잘 마무리하는 사람이다. 이것이 최상인데 그리 흔치 않다. 후쿠치 기치사에몬福地吉左衛 정도가 이에 가깝다.

'느리고 빠름'은, 이르는 말을 이해하는데는 더디지만 일에 착수하면 마무리를 재빠르게 한다. 나카노 가즈마 등이다.

'빠르고 느림'은 일러주면 잘 이해하는데 일을 할 때에는 꾸물

대고 시간이 걸린다. 이 부류가 많다.

그 외는 모두 '느릿 느릿'이다 라는 말씀이다.

가쓰시게공이 위독 상태에 빠졌을 때, 미쓰시게공에게 시바 기사에몬志波喜左衛門이 청을 했다.

"저는 전부터 가쓰시게공께 저승길 동무를 하겠다는 말씀을 드리고 있었습니다. 지금이야말로 회복의 가망이 없을 듯하니 나리의 목숨을 대신해서 먼저 할복하고자 합니다. 혹여 이것으로 회복이 될 수도 있으리라 사료됩니다. 언젠가는 저승길 동행을 이루게 될 것인즉, 윤허해 주시옵소서."

그래서 미쓰시게공이 조죠사增上寺 스님에게 "명命 대신 할복하는 길이 있는 것입니까"라고 물은즉, "절대 그런 일은 있을 수 없습니다. 소중한 무사니까 꼭 붙들어 수하에 두시도록"이라고 답하였기 때문에 기사에몬의 청을 들어주시지 않았다.

미쓰시게공은 그의 충의심에 감복하시어 자손들을 소홀히 대접하지 않겠다는 친서를 내리셨고 그 자손들이 그것을 보존하고 있다는 얘기다.

가쓰시게공이 드디어 임종을 맞게 되어 영부인께서 마지막 작별인사를 하러 베개맡에 앉은 다음, "참으로 자랑스런 임종이십니다. 일생 동안 큰 탈 없이 싸움터에서는 혁혁하게 중임을 다하셨고, 가를 성공적으로 다스렸으며, 자손도 많이 두시고 영주의 지위도 원만히 물려주셨으니 뒷걱정도 없이 80세까지 장수를 누리셨음은 천하에 유례가 없는 행복한 임종일 것입니다. 이 밖에 무슨 여한이 있겠습니까. 평안히 가시옵소서"라고 큰 소리로 말씀하셨다.

곁에 따님 오나가님이 나와서 울음을 터뜨리자 영부인이 흘끗 노려보시며 "아무리 여자라 해도 일의 도리를 분별치 못하고 숨을 거두시려는 어버이 앞에서 눈물을 보이다니"라며 거칠게 끌고 안으로 들어가셨다고 전한다.

| 제 4 장 |

사리분별에 관해서

옛 사람의 말에, 일곱 번 호흡하는 사이에 결심한다고 한다.
다카노부공은 "분별도 오래하면 썩는다"고 말씀하셨다.
나오시게공은 "무슨 일이든 지루하게 끌면 열 가운데 일곱은 그르친다.
무사는 매사를 민첩하게 처리해야 한다"고 말씀하신다.

사리분별에 관해서

미쓰시게공은 어딜 가거나 "에도 쪽이 베갯머리가 되도록 자리를 펴라"고 말씀하셨고 여행중에도 주무실 때에는 "에도 방향이 어느 쪽이냐"고 물으셨다.

평의회에서 사형이 의결된 건을 보고받은 미쓰시게공은 바로 결재하지 않고 한동안 생각하고 나서 어찌 할 수 없을 때에는 죄를 한 단계 감하여 처리하도록 분부했었다고 한다.

미쓰시게공은 진심으로 남을 욕하거나 나쁘게 말하는 것을 싫어하셨다. 호출했던 사람이 늦는 경우 "아무개 아직 안 왔는가" 라고 물으셨을 때, "아직 안 왔습니다"라고 말씀드리면 "동료를 짓밟으려고 하는 자로구나"하셨다. 그런 때에는 "어떻게 된 일인지 보고 오겠습니다"라고 물러나 사람을 보내곤 했다고 한다. 또 "누가 이런 엉터리 짓을 했느냐"고 물으셨을 때, "아무개가 했습니다"라는 말을 못했었다고 한다.

미쓰시게공은 원래 인자하셔서 '부하들이 괴로움을 당하는 일이 없도록' 항상 염려하셨다. 어느 해 호타 쓰네하루堀田玄春가 임시 고용인 신분으로 사가에 와 있었을 때, 동쪽 저택에서 월례 노래 모임이 있었다. 옆방에 호타 등 몇 사람이 있었는데 미즈가에 근방에서 불꽃이 솟는 것을 본 호타가 그것을 화제로 꺼냈다. 그것을 들으신 공이 옆방으로 오셔서 호타에게 "그대는 금령禁令에 대해서 잘 모르고 있겠지만 성 주변에서는 화기火氣 취급을 엄중히 단속하고 있지. 오늘 밤 일은 결코 입밖에 내지 않도록 하게. 만약 밖으로 새는 날이면 벌을 받을 것이니 지금 봤던 일은 안 본 것으로 해야 돼"라고 말씀하셨다.

호타는 눈물을 흘리며 "천하에 나리밖에는 우러러 볼 분이 없습니다. 꼭 부하로 삼아주십시오. 녹은 알아서 주셔도 됩니다"라고 애원했기에 정식 부하로 거느리게 되었다. 호타는 전부터 막부의 신하로 들어가기를 원하고 있었기 때문에 공께서 정식 부하로 고용하고 싶어했지만 거절하고 임시 고용의 신분으로 사가에 머물고 있었던 사람이었다 한다.

어느 해 미쓰시게공이 은거 후 처음으로 에도 나들이를 했을 때 오사카에서 주무시게 되었다. 바와타리 가쿠베馬渡角兵衛와 야지마 히코베失島彦兵衛 두 사람이 불침번을 서게 됐는데, 히코베가 변소에 간 사이 가쿠베가 잠이 들어 버렸다.

그때 공께서 잠이 깨어 불침번을 부르셨는데 대답이 없었다. 공께서 일어나려고 하셨지만 요통 때문에 일어서지 못하고 옆방으로 나가셨다. 그때 변소에 갔던 히코베가 돌아왔다. 공께서 "누가 당번이냐"고 물으셨지만 히코베는 공의 평소 성품을 익히 알고 있는 터라, 아무 말도 못하고 서 있는데 가쿠베가 앉은 채 엎드려 잠자고 있는 것을 보시게 되었다. 공은 두 사람을 물리치고 도시요리(중신)들을 부르셨다. 도시요리들이 나타나자 "두 사람은 근무도 제대로 안 하고 괘씸하기 이를 데 없구나. 밤중에는 불침번밖에 의지할 게 없는데 정신이 돼 먹지 않았다. 엄중히 조사해서 왜 그렇게 됐는지 보고토록 하라"고 엄명하셨다.

도리요시들은 심의 끝에 "부주의한 점 송구스럽게 됐습니다. 두 사람은 사가에 돌려보내서 나리(쓰네시게)의 결재에 따르도록 하고자 하오니 분부하옵소서"라고 진언했다.

그러자 공께서는 "히코베는 죄가 없다. 가쿠베가 베개를 베고 있었는지 여부를 확인해 보오"라고 말씀하셨다. 그리하여 다시 조사해 봤지만 베개를 베고 잔 것이 아님은 두 말할 것도 없으므로 뜻하지 않게 졸다가 엎어져 잠이 들었던 것임을 아뢰었다.

"그렇다면 정신 상태가 나빴던 것은 아니로군. 몹시 피로해 있었다면 졸다 쓰러질 수밖에, 어쩔 수 없는 일이겠지. 사가로 돌려보낸다는 것은 파직시키겠다는 것인데, 그 까닭을 쓰네시게가 알게 되면 할복을 명하리라는 것은 뻔한 일. 두 사람은 벌로서 에도에 먼저 가도록 하게"라고 지시하셨다는 얘기다.

공께서는 그처럼 모든 죄인에 대해서 해명할 수 있는 한 꼬치꼬치 캐물어, 하고자 하는 말을 충분히 듣고 나서 용서해 주셨다. 만일 해명이 안 될 듯싶으면 심문도 엄하게 안 하시고 오히려 당신께서 여러 가지 핑계를 대서 용서해 주시곤 하셨다. 이것도 남보다 몇 배 자비심이 깊으셨기 때문이라고 모두가 감사히 생각했던 것이라 한다.

에도 성의 무기창고에 둥지를 틀고 살고 있는 까마귀를 총으로 쏘아 떨어뜨릴 수 있느냐 없느냐를 놓고 다이묘들의 화제가 되었던 일이 있었는데 그것을 어떤 다이묘가 미쓰시게공에게 질문해서 공이 대답했던 이야기다.

"나리께서는 총으로 까마귀를 맞힐 수 있습니까"라는 물음에 미쓰시게공은 "바깥에 있는 까마귀라면 맞힐 수도 있는데, 에도 성에 있는 까마귀라면 맞힌다, 못 맞힌다 답변을 드릴 수 없습니다"라고 대답했다. 다이묘들은 참 좋은 답변이라고 감탄했다 한다.

미쓰시게공은 에도에 나가 계실 때 쇼군께서 절에 행차하시게 되면 아래 위 정장을 갖추고 정좌하셨다가 측근이 와서 "쇼군께서 지나가십니다"라고 말씀드리면 저택 안에서 큰절을 했다고 한다.

오하루(미쓰시게의 셋째 딸)님이 행사가 있을 때, 대문 근처에 나가서 사람들의 왕래를 구경하고 있었다. 에도의 하타모토旗本(에도 시대 쇼군가에 직속된 무사)들과 다이묘들이 보무 당당한 행렬을 이루고 씩씩하게 지나가고 있었다. 그것을 보면서 이런 저런 얘기들을 하고 있는데 미쓰시게공의 행렬이 통과하는 것이었다. 그 대열 속의 무사들은 다른 행렬에 비해서 자세가 엉망인데다 장부다운 멋도 없고 옷차림마저 아주 볼품없었다. 때문에 오하루님께서는 몹시 기분이 상했다.

그뒤 미쓰시게공을 뵙게 되었을 때 오하루님이,

"요전에 행렬을 관람했었는데 다른 가의 행렬은 아주 훌륭했었습니다. 그런데 아버님의 대열은 비길 수 없을 정도로 너무 초라해서 속이 상했었습니다. 꾸중을 좀 하시지요"라며 분한 나머지 울음 섞인 소리로 말씀을 올렸다.

미쓰시게공은 "네가 알 바가 아니야"라며 핀잔조로 말씀하셨다.

"그건 무슨 까닭으로 그런 말씀을…"이라고 오하루님이 되물으신 즉, "말해 봤자 알아듣지도 못하겠지만, 너무 걱정을 하니 그럼 들려주마. 타가의 대열 구성원은 키가 고르고 외모가 반듯한 걸 보니 보기 좋은 사람을 골라 모은 고용인들이야. 그러므로 일단 유사시에는 주인도 내버리고 도망칠 놈들이지. 하지만 우리 가는 대대로 내려오는 후다이 무사뿐이므로 외관상 좋고 나쁜 것은 개의치 않고 대열을 형성했기 때문에 볼품은 없지만 유사시에는 한 걸음도 물러서지 않고 주군을 위해 몸을 바칠 사람뿐이다. 우리 가는 추남이 명물이야"라고 말씀하셨다 한다.

다카기 아키후사高木鑑房는 류조지 다카노부를 배신하고 마에다 이요노가미前田伊予守를 의지해 몸을 맡기고 있었다. 아키후사는 용감한 사무라이로서 검술의 명수였다. 그가 거느리는 부하에 인가 사에몬因果左衛門과 후도 사에몬不動左衛門이라는 이 또한 걸물이 있어서 주야로 아키후사의 신변을 지키고 있었다. 아키후사를 살려 두는 것을 걱정했던 다카노부공이 아키후사 살해를 마에다에게 부탁했었다.

어느 날 아키후사가 마루 끝에 앉아 인가 사에몬을 시켜 발을 씻고 있는 것을 본 마에다는 아키후사 뒤로 다가가 냉큼 목을 쳐버렸다. 그러자 아키후사는 목이 떨어지는 사이에 와키자시脇差(허리에 차는 호신용 작은 칼)를 뽑아 올렸다 내리쳐서 인가 사에몬의 목을 떨어뜨렸기 때문에 두 사람의 모가지가 대야 속에 떨어졌다. 그리고 아키후사의 목이 방안에서 날아올랐다. 이런 재빠른 솜씨는 아키후사가 마법의 검술을 터득했었기 때문이라는 소문이다.

단넨 스님의 평소의 가르침.

출가승은 자비를 베풀고 가슴속에는 용기를 가득 채워두지 않으면 불도의 경지에 이르렀다고 할 수 없다. 한편 무사는 용기를 발휘하고 내심에서는 배가 터질 정도의 대자비심을 지니고 있지 않으면 무사의 본분을 지킬 수 없는 것이다. 그러므로 출가승은 무사에게서 용기를 배워 기르고 무사는 출가승을 따라 자비심을 배우는 것이다.

나는 수년간 여러 나라를 돌며 큰스님을 만나왔지만 수행에 도움이 된 것은 아무것도 없었다. 그보다는 여기 저기서 용사가 있다는 말을 들으면 길이 아무리 험하고 힘들지라도 찾아가서 무도에 관한 얘기를 들었는데 그 편이 훨씬 불도 수행에 도움이 됐음을 몸에 사무치도록 기억에 남아 있다.

무사는 무구를 가지고 그것을 의지하여 적진에 뛰어들 수가 있다. 출가승은 염주 하나로 창과 장도長刀 속에 뛰어들지 않으면 안 된다. 온화함과 자비심만으로는 도저히 할 수 없는 일이 아니겠는가. 큰 용기 없이는 감히 뛰어들 수가 없다. 그 증거로 큰 제사를 모실 때 분향을 하는 궁중에서도 떠는 자가 있다. 용기가 없기 때문이다. 저승길을 잃고 헤매는 사자死者를 발로 차 넘어뜨리기도 하고 혹은 지옥에 떨어진 중생을 끌어올리는 것쯤은, 모두 용기만 있다면 할 수 있는 일이다.

그런데 요즘의 출가승은 쓸데없는 곳에 정성을 들여서 신기하고 온화해지려고만 할 뿐 참다운 도를 성취하는 사람은 없다. 더군다나 거기에다 무사에게 불도를 권해서 겁쟁이로만 만들어 버리는 것은 유감스러운 일이다. 나이 젊은 사무라이 등이 불도에 물드는 것은 당치도 않은 잘못이다. 그 까닭은 두 마리 토끼를 쫓는 것과 마찬가지이기 때문이다. 한 방향이 아니면 쓸모가 없는 것이다.

은거하고 있는 사람이 한가한 노인이라면 무료함을 달래기 위해 불법을 청강하는 것도 무방할 것이다. 그렇지만 무사된 자는 충과 효를 한쪽 어깨에, 또 한 편의 어깨에는 용기와 자비를 밤낮 가리지 않고 어깨가 빠개질 정도로 짊어지고 있어야 무사의 면목이 서는 것이다.

아침저녁의 배례는 물론, 걸을 때나 안에 있을 때나, 앉으나 서나 때를 가리지 않고 "주군님, 주군님"하고 외쳐라. 그것은 염불, 독경과 다름없는 것이다. 또 수호신에게 정성을 다하는 것이 좋다. 수호신은 어버이 같아서 자식을 생각하듯 수호신을 받드는 사람들의 행운을 바라고 있는 것이다. 그리고 자비심과 정이라는 것은 사람의 운을 길러주는 어머니와 같은 것이다. 무자비하고 용기만 있는 자는 멸망하는 것이며 그 예는 옛날이나 지금이나 모두에게 잘 알려져 있는 바이다.

세이도쿠인盛德院(가쓰시게의 아들)님의 부하가 어느 날 "나리에게는 믿을 만한 부하가 없습니다. 저는 평소에는 이렇다 할 만한 보탬을 못해 드리고 있지만 나리를 위해 목숨을 버려야 할 때가 되면 저 한 사람밖에 없을 겁니다"라고 말했다.

이 말을 들은 세이도쿠인님은 대단히 노하시어 "우리 가에는 목숨을 아낄 사람이 한 사람도 없다. 잘난 체 우쭐해서 허튼 소리를 지껄이는군"이라며 때리려고 했기 때문에 측근들이 그 사내를 끌고 가 물러나게 했다 한다.

선대 이시에 덴에몬石井傳右衛門이 참근교대(에도 시대에 다이묘가 에도에 와서 쇼군을 알현하고 일정 기간 근무하는 것)의 수행원으로 에도에 가 있던 사이, 그의 아내가 시동생과 밀통을 했기 때문에 이시이 문중에서 쫓겨나고 말았다. 덴에몬의 집을 그 무렵 "짐승의 문"이라고 부르며 문중에서 아무도 가까이 하지 않았다. 덴에몬의 며느리는 야마모토 진에몬(쓰네토모의 아버지)의 딸이었는데 나카노 가문과 절교하고 데려가 버렸다.

덴에몬은 에도의 유곽에서 방탕 생활을 하고 있었다. 어느 날 나베시마 저택의 현관에 나베심 슈젠主膳이라고 적힌 편지를 유곽가에서 보내 왔는데 그런 이름의 사무라이는 없다고 하자, 심부름으로 온 자가 문장紋章(신분이나 소속 가문의 표지)과 인상 등을 소상히 설명하며 꼭 편지를 전달하지 않으면 안 된다고 버틴다. 그것으로 덴에몬이 틀림없다는 것을 알았기 때문에 편지를 받아 놓고 심부름꾼을 돌려보냈다.

이런 일들이 소상히 번주의 귀에 들어가게 되고, 무슨 처분을 내리지 않을 수 없게 되자 나카노 쇼칸을 요시하라吉原(에도의 유곽)에 보내곤 했었다. 그런데 어찌 된 일인지 그 뒤 덴에몬은 귀국하게 되고 그 일은 흐지부지 돼 버렸다. 시마바라의 난 때 적진 점령의 선두에 섰었던 사람이기 때문에 용서를 받았을 것이라는 소문이었다.

그런데 덴에몬과 친히 지냈던 유녀遊女가 사가로 찾아왔기 때문에 어찌 할 수 없어, 일단 집안으로 들여 놓게 되었다. 이 일은 감출 수도 없는지라 결국 할복하라는 엄명이 떨어졌다. 그 당시 오키 효부大目兵部, 나카노 다쿠미內匠, 나베시마 도네리舍人 등이 나리 앞에 나갔었다고 하는데 이것은 사형을 내리지 마십사 진언하기 위해서였던 것 같다는 말이다. 아들 지사에몬은 12,3년 동안 낭인하고 있다가 귀참하게 되었다. 그러나 그의 아들 덴에몬(후대)이 또 낭인생활을 하게 되었다.

치바千葉씨의 선조가 서쪽 지역으로 내려올 때 해상에서 폭풍우를 만나 배마저 파손되어 어려움을 겪고 있는데 전복이 몰려와 배의 파손된 곳을 막았었다고 한다. 그로부터 치바씨 일족과 부하들까지 전복을 먹지 않는다고 한다. 무심코 먹는 날이면 몸에 전복 모양의 두드러기가 난다고 한다.

시마바라의 난 때 하라성原城이 함락되었던 2월 28일, 미쓰세 겐베이三瀨源兵衛가 논두렁길에 걸터앉아 있었다. 나카노 다쿠미가 우연히 지나다가 어떻게 된 거냐고 물은 즉, "복통이 일어나서 한 발자국도 못 움직이겠어. 대원들은 먼저 보냈으니까 지휘를 맡아 주었으면 좋겠네"라고 대답했다. 이것을 감찰이 알고 보고했기 때문에 미쓰세는 겁쟁이로 간주되어 할복하게 되었다.

옛날에는 복통을 꾀병치레라고 간주했다. 돌연 발작이 일어나 싸울 수 없게 되기 때문이다.

세이도쿠인님이 서거했을 때, 미쓰시게공께서 순사를 금한다고 분부했었다. 심부름꾼이 상가에 달려가 그 분부를 전달했는데 아무도 입을 열지 않고 대답하려는 사람도 없었다. 그중에서 이시마루 우네메石丸采女가 말석에서 일어나 앞으로 나오더니 "어린 주제에 나서는 것 같습니다만 말씀하신 뜻은 잘 알아들었습니다. 저는 나리 측근에서 섬겨왔던 사람이기에 무슨 일이 있어도 나리의 뒤를 따라 할복할 결심을 하고 있었습니다만 미쓰시게공의 말씀을 듣자옵고 드릴 말씀이 없습니다. 다른 분들은 모르겠지만 저는 순사를 단념하고 대를 이으시는 분을 섬겨 받들겠습니다"라고 말하자 다른 사람들도 이시마루와 마찬가지로 분부를 따르기로 했다 한다.

나세시마 스케에몬助右衛門 나리 댁의 근처에 있는 법화사法華寺에서 법회가 있었다. 스케에몬의 딸이 설법을 들으러 갔다가 곧 젊은 놈과 눈이 맞아 같이 도망쳐 버렸다. 사방으로 행방을 찾았지만 끝내 못 찾고 말았다. 얼마가 지난 뒤에 히고국 가로의 첩이 되어 있다는 것을 알게 되었다. 사가에서 구마모토熊本에 사람을 보내 여자의 인도를 요구했으나 번번이 거절당했다. 그래서 나루토미 효고成富兵庫가 지시를 받아 구마모토로 가서 가토 기요마사 나리를 뵈옵고 "아낙을 넘겨주시오소서"라며 담판을 벌였지만, 기요마사 나리는 "바람이 나서 도망쳐온 자들이라면 넘겨 줄 수 없지"라며 거절했다.

그러자 효고가 "조선에서 싸울 때(임진왜란을 뜻함) 기요마사공을 위기에서 구출해 드렸는데, 그때 공께서 답례로 무슨 일이든지 받아주겠소 라고 말씀하셨습니다. 이번 건을 그때의 답례로 받을까 해서 찾아뵈었는데 그 말씀을 없던 것으로 하시겠습니까"라고 말하자, 기요마사 나리는 "그 말을 들으니 이제 어쩔 수가 없군. 인도하는 걸로 하지. 그 아낙의 목숨만은 살려 줄 텐가"라고 말했다.

효고는 "말씀하신 뜻은 전해 올리겠습니다"라고 대답하고 그 여자를 데려올 수 있었다. 여자는 귀국해서 자해를 명받았다.

그런데 정작 스케에몬과 시키부 부자父子가 가내 감독 소홀로 할복하라는 지시를 받게 되었고 입회인을 스케에몬 집으로 보냈다. 스케에몬은 바둑을 두고 있었는데 입회인의 통고에 대해서 "잘 알았소. 그런데 잠깐만 바둑이 끝날 때까지 기다려 주오"라고 말하고 바둑을 마쳤다. 그런 자리에 스케에몬의 부하 18명이 와서 "저승길 따라서 벗하겠습니다"라고 말했다.

입회인이 "이게 어찌 된 일이오"라며 난색을 표하자 시키부 나리는 뜰에 내려서서, "각오를 정한 자들이니 내가 가이샤쿠하리다"라며 18명의 목을 자르고 난 뒤, 아들과 함께 할복했다. 저택을 끼고 흐르는 개울이 피로 물들어 그 당시에는 피의 개울이라고 불렀다 한다.

스케에몬의 두 아들은 유모가 안고 도망쳤는데, 후일의 가마하라 젠사에몬과 나베시마 마다베가 그들이다. 시키부 나리의 아들은 후에 나베시마 겐에몬이라고 불렀다.

이 사건 때 나오시게공은 "인재가 없으니, 일이 잘 안 풀리는군"이라고 술회하셨다 한다. 이것은 스케에몬의 목숨을 건지려고 하는 사람이 하나도 없었기 때문이었다는 것이다.

에이로쿠永祿 6년(1563) 8월 12일, 모토後藤 가문과 스고須古의 하라이平井 가문이 기시마杵島의 가바시마에서 전투를 할 때 나카노 우에몬노스케 다다아키中野右衛門助忠明는 전사했다. 그 출진 때 아들 시키부(뒤에 진에몬으로 개명)가 비록 어렸지만 뜰에서 그를 안아 올리며 "자라서 무공을 올려라"고 말하고 헤어졌다 한다.

야마모토 진에몬(쓰네토모의 아버지)은 문중의 아이들이나 한살 된 아이에게도 귀에 입을 갖다대고 "거물이 돼서 주군을 위해 구실을 다할 수 있도록 하라"고 일렀다 한다. 그리고 "아직 아무 것도 알아듣지 못한 때부터 귀에 불어넣는 것이 좋다"고 말했다고 한다.

| 제 5 장 |

명예를 지킨다는 것

주군을 위해 목숨을 내던진다는 심정만큼 깨끗한 것이 어디 있겠는가.
의를 위해서 선뜻 모든 것을 내버리는 사람이라면
마마의 신은 말할것도 없고 천지신명도 모두 지켜주지 않고는
가만 있지 않을 것이다.

명예를 지킨다는 것

나루토미 효고는 "이긴다는 것은 자기 편에게 이긴다는 것이다. 자기 편에 이긴다는 것은 자신을 이긴다는 것이다. 자신을 이긴다는 것은 정신력으로 육체를 이긴다는 것이다. 평소부터 자기편의 수많은 무사 가운데서 자신을 능가할 사람은 없을 것이라 마음먹고 몸과 마음을 단련해 두지 않으면 적을 이길 수 없다"라고 말하셨다.

슈교 에치젠執行越前 나리의 전사.

뎃쇼天正 12년(1584)의 시마바라 전투에서 슈교 에치젠 나리는 장구裝具를 모두 병영에다 정돈해 놓은 채 하오리羽織(덧저고리)와 하카마(치마바지)만 걸치고 싸우다 전사하셨다 한다.

다자키 게키田崎外記의 갑옷에 관한 이야기.

하라 성城(1637, 시마바라의 난 때의 성)에서 게키가 눈부시게 화려한 갑옷과 투구를 걸치고 있었기 때문에 가쓰시게공께서 못마땅하게 여기셨다. 그뒤 지나치게 눈에 띄는 차림새를 보시면 꼭 '게키 같은 갑옷'이라는 말씀을 하셨다고 한다.

오이시 고스케大石小助에 관한 이야기.

미쓰시게공의 재위중 고스케는 처음에는 졸병이었다가 얼마 후 주군의 측근으로까지 승진했다. 공이 참근교대로 에도에 왕래하실 때에는 본진의 침실 주변을 돌아보고 미심쩍은 곳이 있으면 그 근처에 멍석을 깔아 혼자 밤을 새며 지키곤 했다. 비가 내리는 밤이면 갓이나 도롱이를 뒤집어쓰고 비를 맞기도 했다. 이와 같이 끝내 하루 밤도 경계를 게을리한 적이 없었다고 한다.

또 오이시 고스케가 우치도닌內頭(영부인 비서)을 맡고 있을 때인데, 한밤중에 영부인 거처 하녀들 방 근처에 몰래 들어온 자가 있었다. "붙잡아라"는 소리에 남녀 할 것 없이 우왕좌왕하는 바람에 큰 소동이 일었는데 정작 책임자인 고스케의 모습이 보이지 않았다. 사방을 찾아보니 고스케는 칼을 빼들고 나리의 침실 옆방에 앉아 끄떡도 하지 않았다. 나리 주변에 아무도 없어 지키고 있었던 것이다. 고스케는 생각하는 점이 여느 사람과 달랐다.

소에지마 젠노조副島善之丞의 일.

가쓰시게공이 니시메西目 지방에서 사냥을 하실 때 무슨 일로 노하시어 와키자시(작은 칼)를 칼집째 빼들고 젠노조를 치셨다. 그런데 손이 미끄러져 칼을 산골짜기에 떨어뜨렸다. 젠노조는 칼에 매달리듯 골짜기로 몸을 굴려 칼을 주워 옷깃에 꽂고 벼랑을 타고 올라와 그대로 가쓰시게공에게 바쳤다. 그 정신과 기지 그리고 섬기는 자세 모두 비길 데 없는 처신이었다.

야마모토 기치자에몬吉左衛門(쓰네토모의 이복형)은 부친 진에몬이 시킨 대로 다섯 살때 개를 칼로 쳤고 15세 때는 사형수를 그렇게 했다. 옛날에는 14~5세가 되기 전에 아무 소리 못하고 시키는 대로 목자르는 일을 했었다고 한다. 가쓰시게공도 젊은 시절, 나오시게공의 분부로 목 베기를 배웠다. 어떤 때는 열 사람을 연달아 목 벤 적도 있었다 한다. 옛날에는 고귀하신 분이라도 이렇게 했었는데 지금은 아랫것들조차 애들에게 베지 않도록 하고 있음은 참으로 방심할 수 없는 일이다.

하지 않아도 될 일, 묶어 놓은 자를 베었다고 해서 공이 되는 것도 아니고, 불심에 어긋난다든지, 더럽혀진다고 말하는 것은 거짓이다. 요컨대 무공 그 자체가 꺼려지니까 손끝을 더럽히지 않겠다느니 하며 속마음과는 다른 겉치레 말만 늘어놓는 것이라고 생각된다.

싫어하는 자들의 속내를 미루어 짐작컨대, 내키지 않으니까 말만 번지르르하게 베지 않고도 넘어갈 수 있도록 핑계를 대고 있다고밖에는 생각되지 않는다. 하지 않고는 넘어갈 수 없는 일이기에 나오시게님도 시키는 것이다. 연전에 나(쓰네토모)도 가세嘉瀨에서 베어 봤지만 아무튼 묘한 기분이더군. 언짢다고 생각하는 것은 겁먹는 마음이 싹트고 있기 때문이다.

도모다 쇼자에몬友田正左衛門의 할복 사건.

쇼자에몬은 미쓰시게공의 시종이었다. 이 사내는 바람둥이로 연극 배우 다몬 쇼자에몬多門正左衛門이라는 주연 배우를 연모하고 있었다. 문장도 다몬 것으로 바꾸고 이름도 쇼자에몬이라고 개명했었다. 호모성 변태자인데다, 옷가지, 살림도구까지 팔아 치우고 끝내는 돈을 구할 길까지 막히게 되자 드디어 마와타리 로쿠베馬渡六兵衛의 칼을 훔쳐 창잡이를 시켜 칼을 전당포에 저당했다. 이런 사실을 창잡이가 고해 바쳤기 때문에 취조한 결과 쇼자에몬과 창잡이는 사형이 확정되었다.

취조했던 사람은 야마모토 고로자에몬五郎左衛門이다. 미쓰시게공 어전에서 취조 내용을 보고할 때, "주인의 일을 고해 바친 자는 창잡이인 아무갭니다"라고 큰소리로 보고했다. 미쓰시게공은 즉석에서 "죽여버려라"고 호통치셨다.

그런데 쇼자에몬에게 할복을 통고할 때 고로자에몬은 "이미 죽는 것 이외는 무사의 면목마저 사라져 버렸으니 죽음의 자리만은 무사답게 하라"고 일렀다.

그러자 쇼자에몬은, "참으로 고마운 말씀입니다. 말씀대로 하겠습니다"라며 차분해진 듯한 모습이었다.

그런데 가이샤쿠는 아무개가 할 겁니다, 라고 말해놓고는, 슬그머니 하급무사를 시켜 베도록 해 두었던 모양이다.

이윽고 할복장에 다다른 쇼자에몬은 맞은편이 있는 가이샤쿠 할 사람에게 아주 태연한 자세로 인사를 올렸었는데 곁에 있는 사람이 칼을 뽑아 든 것을 보자,

"너는 누구냐, 너 따위에게 목을 자르게 할 수는 없다"고 외치며 일어서더니 그만 각오가 흐트러져 미련을 버리지 못한 듯 마구 난동을 부렸다. 그리곤 억지로 붙들려 손발이 묶인 채 목이 잘리우고 말았다 한다.

고로자에몬은 "속이지만 않았던들 멋있는 죽음을 했을지도 모르는데"라고 남모르게 조용히 말하더라는 것이다.

가이샤쿠 하는 방법을 노다 기자에몬野田喜左衛門이 말한 것.

죽을 자리에서 제정신을 잃고 발발 기어 헤매는 자를 가이샤쿠

하는 것은 대부분 실패하기 일쑤다. 그런 때에는 한 걸음 물러섰다가, 뭣이든지 좋으니까 상대가 안정을 찾도록 해 놓고 좀 가라앉은 다음에 뜸을 주지 않고 베어버리면 멋지게 일을 해치울 수 있다는 말을 들었다 한다.

나카노 가즈마가 고쇼로 근무하고 있을 무렵 니시메西目에서 가쓰시게공을 모시고 매사냥을 하고 있었는데 매가 학을 덮쳤다. 가쓰시게공은 매를 소중히 했기에 학의 처치를 매에게 맡겨놓지 않고 손수 와키자시로 찔렀다. 가즈마가 곁에 있다가 학을 누르고 있었는데 와키자시가 그만 가즈마의 손가락을 스쳐 피가 흘렀지만 그는 전혀 개의치 않고 "여기를 찌르십시오, 저기를 찌르십시오" 하고 있었다 한다. 후일 공은 "저 녀석은 대담한 녀석이야"라고 말씀하셨다 한다.

또 어느 때, 공은 가즈마에게 허리를 주무르도록 시켰는데 이내 잠이 드셨다. 그래서 가즈마는 슬그머니 자리를 떠서 창고지기에게 나리가 쓰실 거라고 핑계대고 실과 바늘을 가져오게 했다. 그리곤 바늘을 구부려 연못에 던져 고기를 낚기 시작했다. 큼지막한 붕어가 걸려 낚시를 걷어 올렸는데 바늘은 빠져버리고 붕어가 방으로 튀어 잠든 나리의 얼굴을 맞히고 말았다.

나리가 깜짝 놀라 눈을 떠보니 붕어가 펄떡거리고 있는 것이다. '틀림없이 녀석 짓이로구나' 짐작되어 불러봤지만 뜰에 숨어 있었던 것이다. "어디 있느냐"고 찾으시는데 마땅히 숨을 곳도 없고, 할 수 없이 마루 밑에서 "멍멍" 개짖는 소리를 흉내내고 도망쳤다는 얘기다.

가즈마는 젊었을 때부터 그렇게 기지와 재치가 특출했고 20세즈음에는 오만스럽고 거칠었다고 한다.

덴나天和 2년(1682) 11월 11일, 사와베 히라자에몬澤邊平左衛門에게 할복하라는 명이 떨어졌다. 그 전날 밤 귀띔이 있었으므로 히라자에몬은 야마모토 쓰네토모에게 가이샤쿠를 부탁한다는 뜻을 전해왔다. 그때의 답서의 내용이다(쓰네토모 24세 때이다).

〈각오에 대해서는 존경하는 바이옵니다. 가이샤쿠를 부탁하신다는 말씀 잘 알았습니다. 일단은 거절해야겠다고 생각했었습니다만, 내일로 바로 코앞에 닥친 일이라 뭐라 말씀드릴 형편도 아닌즉, 그냥 받아들이겠습니다. 이렇게 된 이상 모든 걸 다 잊으시고 마음 편히 쉬시길 당부 드립니다. 야밤이지만 내처 귀댁을 방문하여 뵙고 자세한 사항을 의논드리고자 합니다. 이상. 11월 10일〉

위 답서를 히라자에몬이 보고 "이 이상의 서면은 없을 것이다"라고 했다 한다.

옛날부터 사무라이가 부탁 받고 고마워하지 않는 것이 가이샤쿠였다는 것이다. 그 까닭은 제대로 실행한다 해도 공이 되기는커녕, 만일 잘못되거나 하면 평생의 불찰이 되기 때문이다. 위의 편지는 쓰네토모 선생이 기록용으로 사본을 해두었던 것이다.

도쿠히사德久 나리의 전각 내에서의 칼부림 사건.

도쿠히사 모씨는 태생이 좀 유별난 데가 있어서 엉뚱한 짓을 더러 하곤 했다. 어느 때 손님을 모셔 놓고 미꾸라지 회를 내놓았던 것을 가지고 뭇사람들이 "도쿠히사 나리의 미꾸라지 회"라며 비웃곤 했다. 어느 날 출근하는데 누군가가 미꾸라지 얘기로 놀려대자 도쿠히사가 단칼에 베어버렸다.

이것으로 징계 심의가 열려 "전각 내에서 사려 없는 짓을 했으므로 할복을 명하십사"고 품신했다. 나오시게공이 그 말을 듣고 "남한테 놀림을 당하고도 가만히 있는 자는 겁쟁이다. 전각 내라고 해서 장소를 가릴손가. 남을 희롱한 자가 나쁜 놈이지. 베인 것만 손해야"라고 말씀하셨다 한다.

나카노 도쿠노스케가 스미다隅田 강에서 깡패를 베어버린 일.

도쿠노스케가 더위를 식히기 위해 나룻배를 타고 나갔는데 깡패가 배에 올라와 마구 행패를 부렸다. 그래서 도쿠노스케는 깡패가 배 후미에서 손을 씻고 있을 때를 노렸다가 목을 쳐버렸다. 목은 강에 떨어져 가라앉았다. 사체를 남의 눈에 띄지 않게 무엇인가로 덮어버렸다. 그렇게 해놓고 사공에게 "이 일을 함부로 발설하지 말아라. 스미다 강 상류로 올라가서 사체를 묻어 다오. 돈은 후하게 알아서 주마"고 했기 때문에 사공은 시키는 대로 했다. 사공이 사체 매장을 끝내자, 바로 사공의 목을 쳐버리고 돌아갔기 때문에 아무런 말썽도 일지 않았다고 한다.

그런데 이때 도쿠노스케가 탔던 배에 남창男娼 하나가 타고 있었다. 도쿠노스케가 깡패를 베었을 때 그 젊은이에게 "너도 사내다. 젊었을 때 베는 연습을 해두는 게 좋을 거야"라면서 사체를 한 칼 베게 했다. 그 때문에 젊은이도 그 일을 발설하지 못했다 한다.

쓰루 고로에몬鶴五郞右衛門이 복수를 한 일.

노能(일본 가무극의 하나) 배우인 고로에몬이 성에서 밤중에 돌아가려고 하는데 자기 칼이 보이지 않는다며 찾아헤맸다. 그때 후쿠오카 야스에몬安右衛門이 "무사쯤 되는 사람이 칼을 잊어버리다니 말도 안 된다"며 욕을 했다. 칼을 두었던 자리를 착각했는지 아니면 누군가가 옮겨놓았던 것인지는 모르지만 뜻하지 않은 곳에서 찾아내어 돌아갈 수 있게 되었다.

고로에몬은 야스에몬의 한 마디에 화가 나 다음날 아침 일찍 야스에몬의 집에 달려가 그를 쳐 죽여버렸다. 그때 야스에몬의 두 아들이 나타나 고로에몬을 죽여버렸고 그 일로 야스에몬의 가家는 폐문되고 말았다.

그런데 그 당시 야스에몬의 매형이 그 저택에 있었는데 "칼싸움이 벌어지고 있을 때에는 물을 길러 갔었기 때문에 그 자리에 없었습니다. 일이 끝난 다음에야 알게 되었습니다"라고 말해서 전혀 문책을 당하지 않았다.

이 매형은 오기 사스케大木左助의 휘하에 있는 사람이었는데 그 얘기를 들은 사스케가,

"이건 틀림없이 핑계일 거야. 이른 아침이라면 그 자리에 없을 리가 없어. 우리 휘하에 겁쟁이를 둘 순 없는 일이야. 사정을 캐물어 보게"라고 채근했기 때문에 조용히 그 사람을 불러 추궁했다.

그러자 그 사내는 "이렇게 되니 어쩔 수가 없군요. 사실대로 말씀드리겠습니다. 실은 제가 달려갔었습니다. 그런데 두 아이의 힘으론 어찌 할 수 없는 형편이었기에 몽둥이로 고로에몬의 칼을 쳐 떨어뜨려 놓고 아이들로 하여금 베도록 했습니다. 그대로 말씀드리면 아이들의 명예를 손상케 될 것이므로 저는 그 자리에 없었고 아이들 힘만으로 죽였다고 말씀드렸던 것입니다"라고 실토했다. 그래서 사스케가 아무도 모르게 상을 내렸다고 한다.

어떤 어른이 고가이 절도를 밝혀냈던 일.

어떤 나리가 손님을 초청해 잔치를 벌인 적이 있었다. 그때 고가이(빗)를 잃어버린 사람이 있었는데 그냥 조용히 돌아갔다. 그것을 본 사람이 있어서 손님들이 돌아간 뒤 주인께 보고했다. 주인은 바로 앞뒷문 그리고 모든 출구를 쇠창살 문으로 닫아 건 다음

가문 소속 전원을 집합시켜 놓고,

"우리 가문도 오늘로써 끝이다. 손님을 모셔놓고 소지품을 잃게 하다니, 내일부터 어찌 사람과 얼굴을 맞댈 수 있단 말인가. 지금 조사한다 해서, 제가 훔쳤습니다 하고 나설 사람도 없을 터. 그렇지만 여기 모인 사람 중에 훔친 사람이 있다는 것은 틀림없는 사실. 그렇다면 어쩔 수 없이 모조리 우리 손으로 죽여 버리고, 내일부터 나는 세상을 버리고 칩거할 각오를 정했다. 죄 없는 사람을 죽인다는 것은 가엾은 일이지만, 그래도 그렇게 하지 않고선 내 면목이 서지 않는다. 언젠가는 죽을 것으로 정해진 목숨이라면 훔친 자는 여기서 깨끗하게 나서서 모두의 생명을 구해야 된다고 생각하지 않는가"라고 말했다.

그때 "제가 훔쳤습니다"고 나서는 사람이 있었다. 그래서 그자를 자결케 했다는 말도 있고 사형에 처했다는 말도 있다. 누구의 말인지는 확실치 않지만 신속한 대책으로 큰일을 원만히 수습한 것은 요즘으로선 보기 드문 일이다.

시다 기치노스케志田吉之助가 일생을 어떻게 살아가야 될 것인가에 대해서 이렇게 말했다.

"아무튼 숨이 끊어질 정도로 달릴 때는 괴로운 것이다. 끝까지 달려가 멈출 때는 몹시 힘들지만 차차 편안해진다. 그보다 앉으면 더 편안해진다. 그리고 옆으로 누우면 한층 더 편안해진다. 게다가 베개 같은 것이라도 받치고 눕는다면 금상첨화다. 인간의 일생도 그런 것이다. 젊었을 때는 좀 고생하더라도 차츰 편안해져서 노후나 죽을 무렵에는 누워 있을 수 있게 됐으면 좋겠다. 처음부터 누워 있다가는 아주 힘들게 된다. 노후에 애만 쓰고 일생을 고생만 하다가 생을 마친다는 것도 억울한 일이다."

이것은 시모무라 로쿠로에몬下村六郎衛門이 들려준 이야기다. 그리고 또 요시노스케가 한 말에 "사람은 낮아질수록 좋다"는 것이 있는데 이 말과도 비슷하다.

우에노 리헤이上野利兵衛와 아랫사람 일.

리헤이가 에도에 있는 번저에서 감찰역을 맡고 있을 무렵, 하시모토 다에몬橋本太右衛門과 함께 술을 마셨는데 몸을 가누지 못할 정도로 취해 버렸다. 리헤이는 젊은 종을 거느리고 있었는데 자기 숙소로 돌아가던 도중에 억지를 부리며 숙소 앞에서 그 종을 베려고 했다. 그러자 종도 칼집으로 그 칼을 뿌리친 다음 맞붙었다. 리헤이가 시궁창에 빠지고 종놈이 위에서 덮쳤다. 그때 리헤이와 같이 가던 부하가 달려와 "위가 리헤이님입니까, 아래가 리헤이님입니까"라고 외쳤다.

"아래가 리헤이다"라는 소리를 듣고 종놈을 한 칼 내리쳤다. 종놈은 몸을 일으키고 상처가 깊지 않았던지 도망치고 말았다.

이 건이 심의에 회부되고 리헤이는 나에키苗木 산에 있는 번저의 감옥에 투옥되었다가 참수형에 처해졌다. 이 리헤이는 지난번에도 파견때 셋집에서 아랫사람이 덤비는 것을 칼로 쳐버려 멋진 처신이란 말을 들었는데 이번 처신은 말도 안 되는 취태였다. 맥을 못 출 정도로 술을 마신 것 자체가 얼빠진 짓이었다. 함께 술을 마신 하시모토 다에몬은 취조중에 자결했다.

스즈키 쇼산鈴木正三이 쓴 〈로안쿄〉驢鞍橋에 히젠국肥前國의 다쿠 아무개가 마마를 앓고 있었음에도 불구하고 시마바라의 난에 출진했다는 얘기가 실려 있다.

"큰 병을 앓고 있는 사람이 그런 데 가봤자 아무런 쓸모가 없을 것이다"라고 친척들이 만류했지만 다쿠는 "설혹 도중에서 죽는다 할지라도 여한은 없다"며 출진을 결행했다.

겨울 전투라 혹한 속에서도 옷을 껴입지도 않고, 밤이건 낮이건 무구를 벗지도 않은 채 요양 따위는 할 생각도 하지 않았다. 게다가 더러운 것을 피하려고 하지도 않았지만 오히려 빨리 완쾌되어 그 싸움에서 충성을 다했다. 이것을 보건대, 마마가 더러운 것을 싫어하는 것이라고만 말할 수 없는 것 같다는 얘기다. 그것을 스즈키 쇼산 선생이 듣고서,

"주군을 위해 목숨을 내던진다는 심정만큼 깨끗한 것이 어디 있겠는가. 의를 위해서 선뜻 모든 것을 내버리는 사람이라면 마마의 신은 말할 것도 없고 천지신명도 모두 지켜주지 않고는 가만 있지

않을 것이다"라고 평했다.

겐로쿠元祿시대 기이紀伊국에 스즈키 로쿠베鈴木六兵衛라는 신분이 높지 않은 사무라이가 있었다. 그가 열병에 걸려서 의식도 없었는데, 그때 어느 간병인이 로쿠베가 모아 놓은 금은을 훔치려고 손금고를 열었다. 그런데 그때 병자가 벌떡 일어나 머리맡에 있던 칼을 잡아 빼면서 바로 쳐 그 사내를 단칼에 베어버리고 자신도 엎어져 그 자리에서 죽었다.

이 얘기는 에도에서 들은 것인데 그 뒤 우리 가에 채용된 의사가 기이국 사람이었기에 물어본 즉 확실히 들어서 알고 있는 일이라 실화일 것이라는 얘기다.

| 제 6 장 |

리더의 마음가짐

사가라 큐마 같은 사람도 도둑, 사기꾼 등 형편없는 자들을
너그러이 봐주셨다가 차츰 무사다운 무사로 기르셨고
“그 정도 하는 놈이라야 필요할 때 쓸모가 있어”라고
말씀하셨다 한다.

리더의 마음가짐

아라키 구자에몬荒木九左衛門이 싸웠던 일.

나카야마 시게스케中山茂助의 집에서 노能 배우 동아리 10명이 9월 13일 저녁, 달맞이 연회를 벌였다. 그중 몸집이 작은 아라키 구자에몬을, 나오쓰카 간자에몬直塚勘左衛門을 비롯해 모두가 마구 놀려댔다. 아라키는 화가 나서 간자에몬을 베어 죽이고 나머지 사람들에게 달려들었다.

마쓰모토 로쿠자에몬松本六左衛門은 한 팔이 잘려나갔지만, 아라키가 뜰로 내려가는 것을 뒤에서 한 팔로 잡아채, "너 같은 놈쯤이야 한 팔로 목을 비틀어 버리겠다"며 칼을 빼앗고 넘어뜨려 무릎으로 누르고 목을 조르자 몸부림치다가 그만 그대로 엎어졌다. 그것을 되밀치고 아라키가 다시 칼을 휘두르며 돌아다녔지만 하야다早田가 창으로 상대하고 여러 사람이 달려들어 어렵사리 잡아 누를 수 있었다.

그 뒤 아라키는 할복했고 그 자리에 있었던 사람 중에서 싸우지 않은 사람은 전부 낭인 당했으나 하야다는 후일 귀참이 허가되었다. 선생께서는 상세한 기억이 없다고 말씀하시는데 언젠가 탐문해서 알아두어야겠다.

하야다는 먼저 작별하고 일찍 집으로 돌아오는 도중에 자기가 자리를 뜬 뒤에 싸움이 시작됐다는 말을 듣고 되돌아와 보니 현관에 야다유八太夫가 칼에 찔려 엎어져 있고, 아라키는 칼을 들고 뜰에 서 있었다. 집 뒤 편에서 가지고 온 소데가라미(긴 장대 끝에 몇 개의 쇠갈고리를 달아 그것으로 소매를 낚아서 넘어뜨리는데 쓰임)를 가지고 아라키를 낚아챈 다음 접근해서 붙들었던 것이다.

기즈카 구자에몬木塚久左衛門 부하의 일.

얼마 전 가와카미川上의 실상원實相院에서 법회가 열렸을 때 곤야마치紺屋町 다시로田代 근방에 살고 있는 5~6명이 참석했다가 돌아가는 길에 잠깐 쉬면서 한잔 하게 되었는데, 구자에몬의 부하는 빨리 돌아가야 될 일이 있어서 일행들의 양해를 구하고 해가 지기 전에 돌아갔었다.

그런데 그날 밤 늦게 일행들이 타지방 사람들과 싸움이 붙어 상대를 베어버리고 돌아왔다는 사실을 듣게 되었다. 그는 바로 일행을 찾아가 싸움에 관한 얘기를 듣고,

"머지 않아서 조서를 작성하게 되겠지. 그때에는 나도 그 자리에 있었고 일행과 함께 상대를 죽였다고 당신도 말해 주시오. 나

도 돌아가서 구자에몬님에게 그대로 말씀드리겠소. 내가 먼저 돌아갔었다고 주인에게 말해도 절대 믿어주지 않을 거요. 주인은 원래가 엄한 사람이기 때문에 비겁자라며 틀림없이 나를 손수 죽일 것이오. 싸움판에서 도망쳤다는 오명을 쓰고 죽는 것은 원통하기 그지없는 일이오. 어차피 죽을 것이라면 사람을 벤 죄로 죽고 싶소. 그래서 이렇게 말씀드리는 것이오. 만약 당신이 승낙 안 하신다면 이 자리에서 할복하겠소"라고 말했다.

일행도 거절하지 못하고 그대로 진술했다. 얼마 안 되어 관아에 불려가서도 취조 때 똑같이 진술했었는데 그가 먼저 돌아갔다는 사실이 밝혀져 모두 감복했고 오히려 치하를 받았다.

나카노 진에몬中野甚右衛門(쓰네토모의 조부)이 모모가와무라桃川村에 있을 무렵 어떤 사람이 사가에서 방문해 왔다. 진에몬이 "사가 쪽은 달라진 게 없습니까? 에도 쪽도 무사한가요"라고 물은 즉, 그 사람은 "에도는 더욱더 평안하고, 사가도 아무 일 없습니다"라고 심드렁하게 대답했다.

손님이 돌아간 뒤 진에몬이 자식들에게 말했다.

"오늘 오셨던 손님은 먼 데서 오신 분이니까 환대해야겠다고 마음먹었는데 대답이 유쾌하지 못해 그럭저럭해서 보냈다. 모름지기 이런 번경藩境 근방에서 근무하고 있는 사람에게나, 아이들과 부하들이 듣는 곳에선 저렇게 얘기해서는 안 되는 것이다. '사가도 별일 없습니다만은 언제 무슨 일이 생길지 모르는 일이므로 가의 모든 사람이 한순간도 마음 놓지 않고 있습니다' 정도로 말해야 되는 것이다."

이것은 야마모토 진에몬新右衛門(쓰네토모의 아버지)이 말씀하신 것이다.

또 야마모토 진에몬은 노후에 찾아오는 사람이 있으면 "세상은 변한 것은 없는가"라고 묻고 "별일 없습니다"라고 대답하면 "별일 없는 것만으로는 안심할 수 없어"라고 말씀하셨다 한다.

후카보리深堀의 나베시마 아키安藝 나리가 식사중에 손님이 와서 급히 뵙고 싶다고 했기에 그냥 일어나 나가셨다. 그런데 부하인 어떤 사내가 아키 나리의 상에 앉아 생선구이를 먹기 시작했을 때 아키 나리가 돌아오셨다. 그 사내는 어쩔 줄 몰라 도망쳐 버렸다. 아키 나리는 "아니, 남의 찬을 먹었어, 고얀 놈"이라고 말하면서 그대로 상에 앉아 먹다 남긴 것을 잡수셨다 한다. 훗날 그 사내는 아키 나리의 뒤를 좇아 순사했다.

선대께서는 부하들과 얼굴을 마주하면,

"노름도 하고 거짓말도 해라. 한 거리 걷는 동안에 일곱 번쯤은 허풍을 떨어야 사내라는 말을 듣지"라는 말을 자주 하셨다. 옛날에는 그냥 무도에 관계되는 일에만 열중하면 됐지만 외곬으로는 큰일을 해낼 수 없다는 뜻으로 그렇게 말했던 것 같다. 품행이 좋지 않은 사람이라도 모른 체하며 용서해 주었다가 "좋은 일을 했다"고 말씀하셨다.

사가라 큐마 같은 사람도 도둑, 사기꾼 등 형편없는 자들을 너그러이 봐주셨다가 차츰 무사다운 무사로 기르셨고 "그 정도 하는 놈이라야 필요할 때 쓸모가 있어"라고 말씀하셨다 한다.

나카노 다쿠미가 도시요리 직職을 거부했던 일.

다쿠미는 가쓰시게공의 도시요리 직을 맡고 있었는데 나리의 측근 역할만으로는 큰 역할을 할 수 없으리라는 생각이 들어 갑자기 출근을 안해 버렸다. 부름이 있었음에도 출근을 안 하자 낭인이 되라는 명령이 떨어졌다. 얼마 후 귀참이 이루어져 봉록도 인상되었다.

그후 다쿠미의 아들 가즈마數馬가 도시요리 직에 임명되었다. 아직 호주 상속 전이었기 때문에 따로 500석을 녹으로 주셨다. 그러자 아버지 다쿠미가 "나리의 측근으로 섬기는 것이 좋은 봉공이라고 생각하느냐, 그래 가지고는 무사의 본분인 싸움터에서 큰공을 세울 수 없을 것이다"라고 말했다 한다.

아쿠노 오리베生野織部는 "봉공은 오늘 하루로 끝난다고 생각하면 무슨 일이든지 할 수 있는 것이다. 하루로 될 일이라면 아무리 힘든 일이라도 참아낼 수 있다. 다음 날도 오늘 하루다"라고 말씀하셨다 한다.

야마모토 고로자에몬山本五郎左衛門(쓰네토모의 조카)이 에도 근무를 할 때 가이온海音 스님에게 항의했던 일.

쓰네시게공이 영주 상속 전일 때 가이온 스님에게 불도를 공부하셨다. 스님으로부터 도를 깨달은 경지에 이르렀다는 인가장이 수여될 것이라는 소문이 저택 안에 퍼졌다.

그때 고로자에몬은 수행원으로서 감찰역도 겸하고 있었다. 고로자에몬이 이 소문을 듣자 가만 있을 수 없는 일이라고 생각되어 가이온에게 자신의 의견을 말하고, 듣지 않으면 쳐버릴 각오로 가이온의 절을 찾아갔다. 스님은 참배하러 온 사람이겠거니 생각하고 단정한 차림으로 맞았다.

고로자에몬은 "아무도 없는 데서 말씀드리고자 하니 다른 승려들을 물리쳐 주셨으면 합니다"라고 말하고 무릎을 맞대듯 다가가, "듣자오니 쓰네시게공께 득도를 하셨다는 인가장을 주실 거라는 소문이 돌고 있습니다. 스님은 히젠 출신이니 나베시마 가풍에 대해서도 대강 알고 계시리라 생각됩니다. 우리 가는 다른 가와는 달리 조상을 대대로 섬기는 가문으로서 상하가 화합하여 다스리지 않으면 안 됩니다. 예부터 우리 가의 영주로서 불도에 정진한 것으로 포상받은 일은 없습니다. 그런데 지금 스님께서 인가장을 주신다면 쓰네시게공은 도를 깨달았다고 자만하여 가신들의 말씀은 흙부스러기 취급도 안 할 것이 뻔합니다. 그렇게 되는 날이면 상하간의 사이가 벌어지게 될 것이고, 우리 가로서는 불상사라 하지 않을 수 없습니다. 신분이 높은 사람들은 사소한 일로도 자만하기 쉽습니다. 절대로 포상을 하지 마시기 부탁드립니다. 만약 거두어 주지 않으신다면 저도 각오가 돼 있습니다"라고 결연하게 말했다.

스님은 얼굴색이 변한 채 듣고 있다가 "참으로 사려가 깊으십니다. 귀가의 사정에 대해서는 충분히 알았습니다. 귀하는 충신이시군요"라고 말했다.

그러자 고로자에몬이 "아닙니다. 말을 돌리지 마십시오. 저는 칭찬을 받고자 온 것이 아닙니다. 딴소리 듣자는 것이 아니니 인가장 주는 것을 그만둘 것인지, 아닌지 분명한 대답을 듣고자 합니다"라고 했다.

스님도 "알겠습니다. 당연한 것이오니 결코 포상은 안 할 것입니다"라고 받아들였기 때문에 고로자에몬은 다시 약속을 다짐하고 돌아갔다는 것이다. 선생께서 고로자에몬으로부터 직접 들으셨다고 한다.

이시이 우치구라미쓰石井內藏允 취조에 관한 일.

나카노 쇼칸中野將監이 할복한 뒤, 그의 부하인 이시이와 나라무라 기요베 두 사람은 쇼칸의 죄상에 관해 일일이 심문을 받았다.

이시이에게 "이 일은 어떻게 된 것인가"라고 한 가지 조항에 대해서 물은 즉, "그 일은 쇼칸 나리는 전혀 모르는 일이옵고, 전적으로 저의 불찰입니다"라고 대답했다. 또 다음 조항에 대해서 질문하자, "그것도 제가 한 일입니다. 쇼칸 나리는 업무로 틈이 나지 않아 저의 재량으로 모든 일을 결정했으며 일부 보고한 일도 있었지만 대부분 저에게 맡겨주시고 저의 뜻대로 하라고 말씀하셨습니다. 모든 것이 저의 잘못입니다"라고 버티었다.

"꼭 그렇지도 않았겠지, 쇼칸의 지시로 한 일도 있었을 거 아니야. 바른 대로 말해"라고 호통을 쳤다.

그러자 이시이는 "쇼칸 나리가 살아 계시다면 더러는 그분이 시키신 일이라고 할 수도 있겠지만 지금은 이미 세상을 떠나신 분에게 죄를 뒤집어씌우고 저는 빠져나가겠다고 하는 것은 무사로서 할 짓이 아닙니다"라고 말했다. 취조를 맡았던 사람들이 모두 감복해서 불문에 부치기로 했다.

한편 나라무라 기요베는 이리저리 핑계만 대다가 오히려 잘못이 드러나 은거 처분을 받았다. 그후 이시이는 벤자이다케 송사때 담당자 인선이 있었는데, 첫째 가는 적임자로 손꼽혔다고 한다.

아자쿠사淺草에서 있었던 싸움 이야기.

뱃놀이하기 위해 고모리, 오쓰보, 무토, 시카에, 요시이, 에조에, 마스다 등이 함께 나섰다. 그중 고모리와 오쓰보 두 사람이 아자쿠사의 관음사觀音寺 앞 찻집에 갔다가 그 집 사내들과 말다툼 끝에 몰매를 맞았다. 배에 남아 있던 사람들에게 이 소식에 전해지자 무토가 "복수하러 가자"고 했다. 요시이와 에조에는 동의했지만 다른 사람들이 "가에 폐를 끼치게 된다"며 만류해서 그냥 번저로 돌아왔다.

번저에서도 무토는 "무슨 일이 있어도 복수하자"고 강변했지만 모두가 말렸다. 고모리와 오쓰보는 상처를 입어 손발을 쓸 수 없게 되어버렸고 나머지는 꾸지람을 들었다.

이 사건에 대해서 어떤 이가 말했다.

"복수 같은 것을 상의하다니 어처구니없는 일이다. 한 사람이라도 쫓아가서 칼 맞아 죽을 각오라야 한다. 입으로만 복수를 외쳐대는 것은 속임수다. 영리한 사람은 입만 가지고 뒷일을 위해 허세를 부리기도 한다. 걸물이라면 아무 소리 없이 몰래 빠져나가 죽는다. 일을 해내지 못해도 상관없다. 칼에 맞아 죽는 것이 걸물이다. 이런 사람이 의외로 무슨 일을 해내는 것이다."

히로바시 이치유켄廣橋一遊軒을 사무라이로 기른 일.

이치유켄은 부엌에서 허드렛일을 맡아 하는 머슴이었다. 씨름에서 시비가 있어 7~8명이나 칼로 쳐죽인 죄로 사형이 언도되었는데, 류조지 다카노부공이 그것을 알고 "지금과 같은 난세엔 용기있는 자가 소중하다. 그 사내는 용자이겠지"라며 사면해 주셨다.

아네가와姉川전투 때 데리고 나갔는데 이치유켄은 비교가 되지 않을 만큼 용맹을 떨쳤다. 매번 앞장서서 진격해서 적의 목을 치고 붙들어 오기도 했다.

다카기高木의 한 싸움에서는 이치유켄이 적진에 너무 깊이 들어가서, 다카노부공은 염려가 되어 말 곁에 끌어다 두셨다. 그러나 선두 부대가 진격하지 못하고 있으면 이치유켄이 뛰쳐나가기 때문에 공은 그의 갑옷 소매를 잡아당기시곤 할 정도였다. 그때 이치유켄은 머리에 여러 군데 칼 상처를 입고 있었는데 그곳에 풀잎을 눌러 바르고 머리띠를 매고 있었다.

그 무렵 그곳엔 외과의사가 없을 때여서, 이치유켄는 흑약黑藥이라는 고약을 조제해서 종기가 나면 바르곤 했었다. 그 고약은 들깨에 소금을 넣고 밥풀로 으깬 것으로 종기의 꼭지 부분을 자르고 고약을 쑤셔넣는 것인데 웬만한 사람은 아픔을 참지 못하고 기절했다고 한다.

나오시게공의 팔에 종기가 났을 때 이치유켄이 "꼭 좀 보여주세요"라고 했기에 그것을 보여주자 몰래 가지고 있던 바늘로 잽싸게 따버렸다.

"뭐하는 거냐"고 나오시게공이 소리를 지르자 "이 정도의 것을 가지고 아프다 하시옵니까"라고 말했다. 나오시게공은 바늘로 이치유켄의 볼을 긁어 버렸다. 두 사람 사이가 별로 원만했던 것은 아니었던 것 같다.

덴쇼天正 2년(1574)의 스코須古성 히라이平井 공격 때, 나오시게공의 지시로 이치유켄은 싸우다 전사했다.

정월 초하루 날 하라 성原城을 공격하고 있을 때 다쿠 미마사카 나리가 오키 효부大木兵部에게 사자使者를 보냈다. 사자로 간 쓰루다가 전달사항을 말하고 있는데 성안에서 총탄이 날아와 그의 허리를 관통해 쓰러지고 말았다. 그러나 쓰루다는 벌떡 일어나 못다 전한 부분을 다 설명하고 다시 넘어져 전사했다. 오키 효부는 그 사체를 다이라 치효에이에게 인계했는데 치효에이도 돌아오는 길에 총을 맞아 전사했다 한다.

에다요시 리자에몬枝吉利左衛門이 유리 병풍을 깬 일.

가쓰시게공이 참근교대를 하기 위해 에도로 출발하기 전, 나가사키에 처음으로 들어온 유리로 만든 병풍을 구입했다. 진귀한 것이라 쇼군에게 헌상키로 하고, 에도에 가져가려면 정성들여 단단히 싸야 한다고 거듭거듭 강조하고 상자를 만들라고 분부했다.

진상품 담당인 나베시마 우네요시采女가 그것을 받아 자기 집 창고에 갖다 두었다. 그런데 에다요시 리자에몬이 찾아와 "유리 병풍이라는 것을 얘깃거리로 삼았으면 싶은데"라고 말하는 것이다.

우네요시는 이미 상자에 넣어버렸으므로 보여줄 수 없다고 했지만 리자에몬이 기어코 봐야겠다고 졸라대는 바람에 할수없이 상자에서 꺼내어 보여주다가 그만 그것을 떨어뜨려 깨버리고 말았다.

"사람의 운명이란 참으로 알 수 없는 일이야"라는 말을 남기고 리자에몬은 발길을 돌렸다. 그 모습이 걱정스러워 우네요시가 불러 세우고 "아무 걱정 마셔요. 일부러 그런 것도 아니고, 주군께는 적당히 말씀드려 놓을 테니까 신경 쓰지 마시고, 그보다는 다른 사람들에게 발설하지 않도록"이라고 말했다. 리자에몬은 그 말을 듣더니 "소중한 것을 부서버려 할복할 각오였소"라고 대답했다.

"원 무슨 말씀을, 그렇게 소심하셔서야… 어떤 보배인들 어찌 사람의 목숨과 바꾸리오"라며 달래놓고 바로 나리에게 가서,

"헌상할 유리 병풍을 소중히 창고에서 다시 포장하다가 그만 떨어뜨려 깨버렸습니다. 이런 일은 딴 사람을 통해 말씀드린다는 것이 도리가 아닌 줄로 사료되어 직접 찾아뵈었습니다"라고 아뢰고 물러났다.

그 모습이 염려 되셨는지 다시 불러 "괜찮아 괜찮아, 마음 쓰지 말라"하셔서 그것으로 끝났다. 그 뒤 리자에몬도 우네요시에게도 아무 일이 없었다.

리자에몬은 언젠가는 이 은혜를 갚지 않으면 안 된다고 생각하고 있었다. 그러다가 가쓰시게공이 돌아가시자 우네요시가 순사하게 되었는데 리자에몬이 가운 한 벌과 방 한 칸을 가득 채울 만한 큰 양탄자 한 장을 보내왔다. 우네요시는 매우 기뻐하며 그 가운

을 걸치고 양탄자 위에서 순사를 했다고 한다. 미타니 치자에몬三谷千左衛門이 가이샤쿠를 맡았다.

용운사龍雲寺의 덴코傳湖 스님이 적을 친 일.

덴코 스님은 다쿠 태생으로 가족은 형 지로베이와 동생, 그리고 어머니가 있었다.

9월경 어머니가 설법을 듣기 위해 지로베이의 아들을 데리고 갔었다. 돌아올 때 그 아이가 짚신을 신다가 옆 사람의 발을 밟았다. 그것을 꾸짖으며 시비가 일었는데, 밟힌 사람이 와키자시를 빼들어 지로베이의 아들을 찔러 죽였다. 지로베이의 어머니가 깜짝 놀라 그 사내에게 거칠게 덤벼들었지만 마찬가지로 찔러 죽여버렸다. 그리고 그 사내는 집으로 돌아갔다. 이 자는 나카지마 모안中島茂庵이라는 낭인의 자식으로서 이름은 고로에몬五郎衛門이었다. 그 동생은 수도자修道者였고 추조보中藏坊라 불렀다.

모안은 다쿠 미마사카 나리의 말 친구였고 고로에몬이 녹을 받고 있었다.

이 일이 지로베이 쪽에 알려지자 지로베이의 동생이 고로에몬 집으로 보복을 하러 갔지만 안에서 문을 걸어 잠그고 상대를 해주지 않았다. 그래서 위문차 온 손님으로 가장하여 딴 목소리로 인기척을 하자 고로에몬이 문을 열고 나오는 것을 신분을 밝히면서 칼로 치고 들어갔다. 두 사람은 얽혀서 쓰레기 더미에 떨어지고 싸우다가 고로에몬이 칼에 찔려 죽었다. 그때 추조보가 달려와 지로베이의 동생을 베어버렸다.

덴코가 그 소식을 듣고 이내 형 지로베이한테 달려와서,

"상대는 한 사람, 우리 쪽은 세 사람이나 칼 맞아 죽었으니 억울하기 그지없는 일이오. 추조보를 쳐주시오"라고 지로베이를 채근했지만 말을 듣지 않았다. 덴코는 분을 삭일 수 없어 비록 출가한 몸이지만 어머니, 그리고 아우와 조카의 원수를 쳐죽이고야 말겠다는 결심을 했다.

말은 그렇지만 막상 승려 신분으로는 다쿠 미마사카 나리한테 혼쭐이 날는지도 모르겠다는 생각이 들어 오직 한 마음으로 노력한 끝에 용운사의 주지가 되었다. 그렇게 된 다음 대장간에 가서 큰칼과 작은칼을 주문하고 수습 제자에게 보낼 거라는 핑계로 분장까지 마련해 가지고 다음해 9월 23일 적을 치러 나섰다. 마침 그때 방문객이 있었지만 접대까지 맡겨 놓고 아무도 모르게 빠져나갔다.

속인의 차림새를 하고 다쿠에 가서 수도자인 추조보를 찾았다. 그런데 추조보가 많은 사람이 모여 있는 달맞이 잔치에 끼여 있었기 때문에 도저히 자기 손으로는 어찌 할 수 없는 상황이었다. 그렇다고 다음 기회로 미룰 수도 없는 처지라, 그 아비 모안을 쳐서 소원을 이루리라 결심하고, 모안의 집을 습격해 침소로 뛰어들어 자기의 이름을 밝히고 모안이 일어나는 것을 힘껏 단칼에 찔러 죽였다.

이 소동으로 인근 주민들이 달려와 에워싸자 자초지종을 설명하고 큰칼, 작은칼을 모두 내던졌다. 이 일이 바로 사가에 알려져 단가檀家(사찰의 후원 단체) 사람들 수십 명이 몰려와 덴코 스님을 호위해서 사가로 돌아갔다.

미마사카 나리가 격노했지만 번주의 귀의사歸依寺(은퇴 후 의지할 절)였기 때문에 손을 댈 수가 없었으므로 한 사람의 중개로 단넨 스님에게 "사람을 죽인 승려라면 마땅히 죽여야 옳은 일이 아니겠소"라고 따졌다.

단넨 스님은 "종문宗門의 일은 이쪽에서 알아서 할 일이오니, 입방아 찧지 마소서"라고 답변했다.

미마사카 나리는 점점 더 화가 나서 "어떤 처치를 하시겠다는 거요"라고 물었다.

"들으셔도 소용없는 일이지만, 굳이 물으시니 말씀드리죠. 파계한 출가승은 법의를 빼앗고 추방하는 것이 규칙입니다"라고 단넨이 대답했다고 한다.

그 뒤 덴코는 법의를 벗고 추방당하게 되었는데, 그때 제자들이 큰칼과 작은칼을 차고 단가 사람들 수십 명과 함께 스님을 호위해서 도도로기轟木까지 전송했다.

지나가는 길목에는 사냥꾼 같은 사람들이 여러명 보였는데 "다쿠에서 온 사람들일지도 모른다"는 말도 있었다. 그 뒤 덴코는 치쿠젠筑前에서 살았는데 여러 사람들이 돌봐주었고 사무라이들과도 친하게 지냈다. 적을 친 일로 그렇게 됐다는 말이 전해지자 여기

저기서 덴코를 보살펴 주는 사람이 나왔다고 한다.

후쿠치 로쿠로우에몬福地六郎右衛門이 살해자를 살려준 일.

로쿠로우에몬이 성에서 퇴근하는 길이었는데, 지체 높은 가문의 것으로 보이는 여자용 가마가 다쿠 나리 저택 앞을 지나고 있었다. 한 사내가 그 가마를 향해 절을 하고 있었는데 큰칼을 찬 수행원이 그 사람을 향해 "머리가 높다"고 소리치면서 장도의 손잡이로 머리를 쳤다. 얻어맞은 사람이 머리를 닦아 보니까 피가 묻어났다. 사내가 벌떡 일어나 "절을 하고 있는 사람에게 도가 지나친 처사다. 참을 수 없다"라며 그 수행원을 단칼에 베어 눕혔다. 가마는 그대로 통과했다.

그 광경을 목격한 로쿠로우에몬이 창 덮개를 풀고 달려가 "칼을 칼집에 넣어라. 성 안이다. 칼을 뽑은 채 들고 가는 것은 위법이다"라고 말했다. 그러자 그 사내는 "방금 부득이해서 그렇게 된 전말을 필시 잘 보셨겠지요. 칼을 거두려고 했었는데 지금 그 말씀을 듣고 보니 그렇게 못 하겠습니다. 귀찮은 일이지만 상대가 되어 드리겠소"라고 대답했다.

로쿠로우에몬은 창을 내던지고 "알겠습니다. 이 사람은 후쿠치 로쿠로우에몬이라고 합니다. 훌륭하고도 멋진 행동거지였습니다. 이 사람이 증인이 되어 목숨을 걸고 변호를 맡겠습니다. 칼을 거두시죠"라고 정중하게 말했다. 그러자 사내도 "잘 알겠습니다"라고 하면서 칼을 거두었다.

그러고나서 로쿠로우에몬이 "어느 가 소속이신가요"라고 물은 즉, 다쿠 나가토長門의 부하라고 한다. 로쿠로우에몬은 그 사내를 데리고 나가토 나리에게 가서 앞서 있었던 일을 보고했다.

가마의 주인이 지체 높은 어른의 영부인임을 알게 된 나가토 나리는 자기 부하에게 할복을 명하십사 진언했다. 그때 로쿠로우에몬이 앞으로 나와 "무사가 한 약속이오니 그자에게 할복을 명하시려거든 저 먼저 할복하도록 해주십시오"라고 말했기 때문에 그 사내도 할복하지 않게 되었다고 한다.

로쿠로우에몬은 고위직이었음에도 불구하고 집에서는 항상 멍석을 엮고 있었다고 한다. 부하들이 신분에 어울리지 않는 것이라고 수군거리곤 했었다. 로쿠로우에몬이 그 말을 듣고 어느 날, 사신의 마중을 나가려고 문전에서 말에 올라 탄 다음 부하에게 "가타가누肩衣(무사의 예복)에 지푸라기가 묻어 있지 않은지 잘 봐라"라고 했다 한다.

나베시마 아키 나리가 큰아들인 시마志摩 나리에게 충고한 일.

시마 나리가 아버지 아키 나리에게 사람을 보내어 "교토의 아타고 산에 참묘를 하고자 합니다"라고 고했다. 아키 나리께서 "뭣 때문인가"라고 물으셨다. "궁시弓矢의 신에게 무운을 기원코자 함인 줄로 아옵니다"라고 아뢰었다. 아키 나리가 화를 내시며 "쓸데없는 짓, 나베시마의 선수先手인 자가 아타고 따위를 의지하다니 말이 되는 소린가. 아타고 켄겐權現이 대항하면 두 쪽을 내 베어버리고 선봉에 서야겠다는 각오를 하라"고 대답하셨다 한다.

후카에 스케에몬深江助右衛門이 사가라 큐마에게 충고했던 일.

스케에몬이 참근 수행원으로 에도에 갔을 무렵, 사가라 큐마는 도시요리 직에 있으면서도 유곽 나들이를 하고 있었다. 여러 사람이 유곽 나들이를 그만두도록 충고했지만 큐마는 들은 척도 하지 않았다.

어느 날 스케에몬이 큐마를 만나 "어르신이 좋지 않은 곳에 빠져버린 것에 대해서는 진작부터 알고 있었습니다. 바로 보고를 했어야 마땅한 일이지만 지금 우리 가의 살림은 어르신 한 분의 손에 의해서 꾸려지고 있습니다. 보고하면 처분을 받으실 겁니다. 그렇게 되면 가를 다스리기 어려워지리라 생각되어 가를 위해서 보고를 삼가고 있습니다. 그렇지만 언제까지고 나쁜 곳 출입을 그만두지 않을 작정이시라면 어쩔 수 없이 보고해야 되겠습니다. 만약 보고하게 되면 도시요리 직이라고 해서 특별한 배려는 없을 것입니다. 반드시 단죄하겠습니다. 아무쪼록 가를 위해서 나쁜 곳 출입을 금해 주시지 않겠습니까"라고 말했다.

큐마는 눈물을 흘리며 "충고, 뼈에 사무칠 만큼 고맙게 생각하오"라며 받아들이고 그후로 불미스런 짓을 그쳤다고 한다.

이쿠지마 사쿠안生島作庵이 진단 치료했던 일.

가미노세키에서 미쓰시게공이 마마를 앓고 있을 때 사쿠안이 약을 지어 올렸다. 공의 마마가 워낙 심했기 때문에 휘하 부하들 모두 긴장했다. 그러는 동안에 부스럼이 검게 변했다. 간병하던 사람들이 몹시 낙심해서 사쿠안에게 조용히 알렸다. 사쿠안이 이내 진단하고 나서 "참으로 경하할 일입니다. 마마는 낫습니다. 이제 아무 일도 없이 곧 완쾌되겠죠. 이 사쿠안이 보증합니다. 여러분 축하합시다"라고 말했다.

그 말에 곁에 있던 사람들이 "이젠 사쿠안이 돈 모양이다. 드디어 믿을 곳이 없게 됐구나"라고 생각했다. 사쿠안이 병풍을 둘러치고 한참 있다가 약을 한 봉 지어 드시게 하자 병이 금방 나아 버렸다.

후일 사쿠안은 "존귀한 어른의 병 치료를 오로지 한 사람이 맡았었기 때문에 만약 낫지 않으신다면 그 자리에서 배를 가르고 따라 죽을 각오를 하고 한 첩의 약을 드렸다"고 은밀하게 말했다 한다.

나카노 다쿠미가 유언한 일.

다쿠미는 임종 때 가문 사람들을 모아놓고 "신하의 각오는 세 가지 하기 나름에 달려 있다는 것을 명심해라. 즉 나리의 마음 나름, 섬겨 봉사에 힘쓰기 나름, 죽는 방식 나름이 그것이다"라는 말씀을 남기셨다고 한다. 나카노씨의 말이다.

우치다 쇼에몬內田正右衛門의 가이샤쿠 방법에 대한 답변.

어떤 사람이 본관 현관 마루에서 여러 사람이 있는 가운데 쇼에몬에게 말했다.

"귀하는 검술 지도자이지만 평소의 성격으로 미루어 보건대 꽤나 거칠게 가르치시죠. 가이샤쿠를 부탁하면 머리끝 언저리로 빗나가는 것 아닙니까."

쇼에몬은 그 대답으로 "그럴 정도는 아니외다. 어디 한번 귀하의 목에 먹으로 줄을 긋고 내밀어 보시구려. 한치도 어김없이 잘라 보이리다"라고 했다 한다.

같은 무사로서 낭인이 되었던 사람에게 대답했던 일.

로쿠로자에몬六郎左衛門이 도카이도東海道(에도와 교토를 잇는 간선도로)를 지나고 있을 때, 여인숙 근처에서 구걸을 하는 사람이 있었다. 그 사내가 로쿠로자에몬의 가마를 향해 "에치고越後 낭인이올습니다. 노자가 떨어져 어려움을 겪고 있습니다. 같은 처지를 동정하셔서 보살펴주소서"라고 말하는 것이었다. 로쿠로자에몬이 화를 내며 "같은 처지를 동정하라니, 무슨 무례한 소린가. 나라면 그런 꼴이 되었을 때엔 배를 가르겠다. 노자가 없어서 창피를 사기보다는 그 자리에서 할복을 하라"고 소리치자 그 사내는 꽁무니를 빼고 사라졌다.

마키구치 요헤이가 가이샤쿠 한 일.

요헤이는 일생 동안 여러 사람을 가이샤쿠했다. 가나하라金原가 할복했을 때에도 요헤이가 가이샤쿠했다. 가나하라가 배에 칼을 꽂고 잡아 당겨서 돌리려고 했으나 뜻대로 안 되는 것을 본 요헤이가 곁에 다가가 발을 쿵쿵 구르면서 "힘내라"고 소리쳤다. 그에 힘을 얻은 가나하라는 일자로 배를 가르고 돌렸다. 요헤이는 가이샤쿠를 마치고 나서 "평소 친하게 지냈었는데…"라며 눈물을 흘렸다고 한다. 스케에몬助右衛門님의 말씀이다.

어느 사람의 가이샤쿠 때 가죽이 조금 남아 있었던 일.

한 사람이 할복했을 때 가이샤쿠한 사람이 목을 쳤는데 가죽이 조금 남았다. 입회 감찰역이 "아직 남았다"고 외치자 그가 화를 내며 목을 붙들고 벤 다음 눈높이로 쳐들면서 "봤습니까"라고 소리치는 바람에 모두 질려 버렸다고 한다. 스케에몬의 말이다.

옛부터의 의견으로는 목이 날아가는 경우도 있기 때문에 입회검사역 쪽으로 튀어가는 일이 없도록 가죽을 조금 남겨 놓는 것이 좋다고 한다. 그러나 요즘은 쳐서 떨어뜨리는 편이 좋은 것으로 되어 있다.

또 목을 50번이나 벤 어떤 사람의 말에 의하면 "어떤 목은 마치 가슴을 베는 것과 같은 느낌도 있다. 처음 목을 셋 정도 벨 때까지는 느낌이 없을 정도로 쉬이 잘린다. 그런데 네다섯 번이 되면 제법 느낌이 있는 것이다. 어떻든 중요한 일이므로 언제나 땅에 쳐 내릴 정도로 해야겠다고 생각하고 있으면 실수하는 일은 없다"고 말하고 있었다.

이와무라 구라노스케岩村藏之助가 충간했던 일.

쓰네시게공이 어린 시절, 구라노스케가 도시요리 직에 임명되었었다.

어느 날 쓰네시게공 앞에 큰 금화, 작은 금화가 수북히 있는 것을 본 구라노스케가 "이거 어떻게 해서 나리 앞에 나와 있는 건가"라고 측근들에게 물었다.

"지금 막 진상품으로 들어왔다는 말을 들으시고 여태까지 한 번도 본 일이 없다고 말씀하시기에 보여드린 것입니다"라고 측근들이 답했다. 그 말을 들은 구라노스케가 "고귀하신 분께 이렇게 천한 것을 보여 드린다는 것은 매우 사려가 부족한 소치다. 나리께서도 봐서는 안 되는 것으로 생각해 주시기 바랍니다. 측근들 깊이 명심해 두도록"이라고 엄하게 꾸짖었다 한다.

또 쓰네시게공이 20세쯤 되었을 무렵, 나에키산苗木山 저택에 놀러 나오셨다. 저택 근처에 이르러 지팡이를 원하셔서 짚신 당번이 지팡이를 만들어 바치려고 가져가는 것을 보고, 구라노스케가 불러세우고 지팡이를 부러뜨려 내버렸다.

그리고 크게 나무라시며 "귀하신 젊은 나리를 얼뜨기로 만들 참인가. 설령 그런 말씀이 있으셨다 하더라도 지팡이를 드리지 않는 것이 옳은 일이지. 측근들의 불찰이다"라는 말이었다.

이 짚신 담당은 후에 승진하여 출세했다. 쓰네모토 선생이 그에게서 직접 들은 얘기이다.

| 제 7 장 |

처신의 어려움

어떤 사람이 "바름(理)과 그름(非)의 형체를 알았다"고 한다. 그 형체가 어떤 것이냐고 묻자 "바름은 모가 나서 자리잡은 채 움직이는 일이 없다. 그름은 둥근 것이다. 옳고 그름, 간교하고 정직함을 마다하지 않고 아무데나 굴러다니는 것이다"라고 했다.

처신의 어려움

나오시게공이 가신들에게 "가쓰시게는 나이에 비해서 늠름하고 힘도 있다. 기쁜 일이야. 측근들과 씨름을 했는데 연장자를 이겼다는군"이라고 말씀하셨다.

그 말을 들은 시모무라 쇼운下村生運이 "나이는 먹었지만 씨름 한 판 하실까요"라며 가쓰시게를 끌어당겨 아이고 소리가 날 정도로 내던져 놓고 이렇게 말했다.

"아직 뼈도 굳지 않았는데 힘 자랑 같은 것을 하시면 사람들에게 창피를 사는 수도 있을 것입니다. 보기보다는 약한 것 같습니다."

마쓰다 요헤이松田與兵衛가 싸웠던 일.

요헤이는 노조에 진베野副甚兵衛에게 유감스러운 일이 생겼기 때문에 결투를 신청했다. 두 사람은 함께 기하라木原의 야마부시山伏에 있는 번저로 가서 해자를 건너는 둥근 외나무다리를 치워 버리고 유감스런 일을 따졌다. 그러나 오해였다는 것이 밝혀졌다.

"참으로 아무 것도 아닌 걸 가지고 오해만 했구려. 결투라니, 어서 돌아갑시다"로 뜻을 맞췄다. 그런데 다리가 없다.

"이 계절에 해자를 건널 수도 없고 어찌 할까"라며 상의하고 있는데, 두 사람이 결투하러 간 것을 엿들은 사람들이 숨어 지켜보고 있었다.

이것을 알아챈 두 사람은 "이렇게 된 이상 이제 어찌 할 도리가 없다. 훗날 오명만 뒤집어쓰게 될 것이 뻔한 일이므로 결투를 하자"고 말하고 싸우기 시작했다.

한참 싸우는데 요헤이가 깊은 상처를 입고 발 사이에 엎어져 버렸다. 진베 또한 큰 상처로 눈에 피가 들어가 요헤이를 찾아내지 못했다. 그때 요헤이가 엎어진 채 칼로 쳐서 해치웠다. 숨통을 끊어버리려 했으나 팔에 힘이 없어 칼을 발로 밟고 해치웠다. 그러는 동안 친구들이 달려와 요헤이를 데리고 돌아갔다.

요헤이는 상처가 아문 뒤 할복을 명령 받았다. 그때 친구를 불러 송별연을 열었다고 한다. 가네마루씨의 말씀이다.

도쿠나가 젠에몬德永善右衛門이 푸념을 했었던 일.

젠에몬은 "지금 싸움에 나간다 해도 나이가 많이 들어서 뜻대로 되지도 않고 구실도 못하겠지만 할 수만 있다면 적중에 뛰어들어 전사했으면 좋겠다. 이대로 썩어서 죽는다는 것이 분하다"고 진지하게 말하고 있었다고 한다. 교자쿠行寂 스님이 담소중에 들었던 얘기라고 한다. 교자쿠 스님의 스승인 요몬要門 스님은 젠에몬의 막내 아드님이었다.

나베시마 헤이자에몬平左衛門의 부하의 일.

사가라 큐마가 가로로 임명되고 나서 나베시마 헤이자에몬에게 부탁했다. "나는 나리의 눈에 들어서 고위직에 발탁되었지만 쓸만한 부하가 없기 때문에 모든 일이 잘 안되고 있습니다. 귀하의 부하 지로자에몬을 주셨으면 하는데."

"저의 부하를 눈여겨 봐주셨다니 고맙기 이를 데 없습니다. 기꺼이 물려드리겠습니다"라고 말하고 지로자에몬에게 그대로 일렀다.

그러자 지로자에몬이 "그 대답은 제가 직접 큐마님에게 말씀드리겠습니다"라고 말한 다음 큐마에게로 가서 "저를 그렇게 봐주시고 원하셨다니 참으로 기쁘기 이를 데 없습니다. 하지만 신하는 주군을 바꾸지 않는 것입니다. 나리는 직위가 높으신 분이므로 제가 나리의 부하가 된다면 일생을 호의호식하게 되겠지만 그런 삶이란 쓰라린 것일 겁니다. 헤이자에몬님이 직위가 낮고 가난하기 때문에 잡탕죽 따위를 먹고 살고 있지만 그것도 맛이 있습니다. 아무쪼록 굽어살펴 주시옵소서"라고 말했다. 큐마는 더욱 지로자에몬에게 홀딱 반했다고 한다.

지로자에몬은 헤이자에몬의 조부인 다이젠大善이 시마바라의 난에서 활동하고 있을 때 그 수하에 있었던 사람이다.

어느 사내가 남의 집에 갔다가 새벽녘에 돌아와 보니, 누군가 몰래 들어와서 자기 처와 간통하고 있는 것을 발견하고 그 자를 베어버렸다. 그런 다음 벽을 부수고 쌀 한 가마를 갖다 놓고 당국에 도적을 베었다고 보고했다. 현장 조사 결과 아무 일 없이 마쳤다. 그로부터 얼마쯤 지난 뒤에 아내를 내보내어 사건을 깨끗하게 마무리지었다. 가네마루씨의 말씀.

어느 사내가 외출했다 집에 돌아와 보니까 아내와 부하가 침실에서 간통하고 있는 현장을 목격했다. 아내가 큰방으로 간 사이 부하는 부엌으로 도망쳤다. 사내는 이내 침실에 들어가 아내를 칼로 베어버리고 하녀를 불러서 이렇게 말했다. "자식들의 수치가 될 일이므로 병사한 것으로 할 테니까 그리 알고 제대로 처리해라. 만약 싫다면 너도 같은 죄이니까 바로 베어버릴 테다."

이 말을 듣고 하녀는 "목숨만은 살려 주십시오. 온 힘을 다하여 남에게 알려지지 않도록 하겠습니다" 라고 말하고 뒷정리를 한 다음 사체에 잠옷 등을 입혀 겉꾸밈을 했다. 그러고나서 의사에게 위급함을 구실로 두 번, 세 번 사람을 보내놓고 "죽어 버렸으니 오지 않아도 됩니다"라며 사람을 시켜 막아버린 다음 아내의 백부를 불러서 밀통 사실을 납득시켰다. 모든 일은 끝까지 병사로 꾸며서 밖으로 새어나가지 않도록 배려했다. 후일 간통한 부하를 해고시켰다 한다. 이 이야기는 에도에서 있었던 일이라 한다.

윗사람을 앙갚음하려는 사람에게 누군가 충고한 일.

나리가 에도에 나와 계실 때 부름을 받고 나온 어떤 자가 근무와 관련 있는 사람에게 너무 심하게 나무라는 것이었다. 나무람을 당한 사람은 한 마디 말도 없이 그 자리를 떴다. 그 낌새가 아무래도 죽일 각오를 한 것처럼 보였다.

그래서 어떤 사람이 그 사내를 곁칸으로 불러내 "아까 그 일로 보복을 해야겠다고 생각하는 것은 당연한 일일는지도 모르오. 하지만 그것은, 오해로 원한이 생긴 게 아닌가 싶소. 나리의 속뜻은 귀하나 나 같은 사람은 만일의 경우 요긴한 일에 쓸 사람으로 믿고 있기 때문에 평소에는 멀리 하시듯 부리시는 것입니다. 저 사내 따위는 평소의 뒤닦이 하인쯤으로 보고 부리시기 때문에 마음 편히 대하시는 겁니다. 그것을 알아차리지 못하고 자기를 신뢰하시는 줄 알고, 또 출세도 할 수 있으려니 생각하고 남에게 무례한 말을 함부로 하는 큰 얼간이인 것이오. 얼간이이기에 부릴 수 있는 것이오. 파리가 머리 위에 앉은 것과 같다고 생각해야 하오. 큰일할 사람이 그런 자들을 상대로 앙갚음한다는 것은 문둥이와 막대치기 하는 것과 다를 바 없는 것. 더 중요한 것은 주군께 불편을 끼치는 것이니 불충이 되는 것이오. 그 도리를 깨달아 단념한다면 참다운 사무라이일 것이오. 이제는 귀하의 마음 내키는 대로 하시구려. 생각나서 말씀드린 것일 뿐 전혀 무리하게 말리자는 것은 아니오"라고 말했다. 때문에 그 사내는 앙갚음 할 것을 단념했다.

다쿠 미마사카 나리가 위문하러 갔었던 일.

기슈紀州(나베시마 모토시게)님을 위문하러 갔을 때 얘기 끝에 미마사카 나리가 "끝 대에 이르러 우리 가는 무슨 일로 쓰러지리라 생각하십니까"라고 물었다. 기슈님은 한참 생각하고 나서 "아마 분가한 자손이 무너뜨릴 겁니다"라고 했기 때문에 미마사카 나리는 화제를 바꾸고 옷차림을 고친 다음 돌아갔다. 그뒤 기슈님은 "미마사카는 둘도 없는 뛰어난 가로다. 오늘의 위문은 나에게서 한 마디를 끌어내어 정신 차리게 하려는 의도가 있으신 것 같다"고 칭찬하셨다.

나카노 진에몬이 교훈을 주신 일.

주군께서 친밀하게 부리실 때 하는 봉공은 봉공이 아니다. 정나미 떨어질 정도로 무리한 일을 분부하셨을 때 하는 봉공이 참다운 봉공인 것이다. 이것을 굳게 마음에 간직해 두도록 하라고 항상 강조하셨다 한다.

야마모토 진에몬(쓰네토모의 아버지)의 임종 때의 일.

진에몬은 80세에 병상에 누워 신음소리가 나올 것 같은 기분이라고 말씀하기에 "신음소리를 내시면 조금은 편안한 기분이 드실 테니 그렇게 하시죠"라고 말씀드렸더니 "어찌 그런 짓을 한단 말이냐. 야마모토 진에몬이란 이름도 이름이거니와 그래도 한 시대 어엿한 사내라는 말을 들은 내가 어찌 마지막에 신음소리를 들려준단 말이냐"고 말씀하시고 기어이 신음소리를 내지 않았었다고 한다.

야마자키 구라토山崎藏人가 주군께 말씀드렸던 일을 오가와 도네리에게 말해 준 일.

가쓰시게공은 구라토를 불러 놓고 사가라 큐마가 할복하고 난 뒤의 후임자를 여러모로 생각해 봤는데 오가와 도네리가 그 중 적임자로 본다고 말씀하셨다.

그 말을 들은 야마자키 구라토는 "말씀대로 도네리 외에는 큐마의 뒤를 이을 만한 사람이 없습니다. 그러하오나 아직 약관이온지라 높은 자리에 앉히면 우쭐해서 오히려 나리께 도움이 안 될 것입니다. 기량은 있는 사람이므로 조금 더 나이가 든 후에 발탁하심이 좋을 듯싶습니다"라고 말씀드린 즉 미쓰시게공도 "그렇게 하는 게 좋겠소"라고 동의하셨다.

구라토는 물러난 뒤 도네리에게 "지금 막 주군께 여차여차 말씀 드렸으니 그리 알아두라"고 말했다 한다.

모리 몬베森門兵衛가 아들을 가이샤쿠한 일.

몬베의 큰아들이 싸워서 손에 상처를 입고 돌아왔을 때, 몬베가 "상대는 어떻게 되었느냐"고 물었다. 베어 쓰러뜨렸다고 대답하자 "숨통은 끊었느냐"고 물었다. "물론 숨통을 끊었습니다"라고 아들이 대답했다. 그래서 몬베는 "잘했다, 그 외에 또 무슨 미련은 없겠지. 일단은 그것으로 됐지만 언젠가는 할복해야 될 것이다. 기가 꺾여 배를 가르고, 남의 신세를 지느니 지금 애비의 손을 빌어 죽어라"고 말하고 가이샤쿠했다 한다.

아이우라 겐자에몬相浦源左衛門이 윗분의 지시를 받아 목을 친 일.

겐자에몬의 휘하에 있는 자가 괘씸한 짓을 했기 때문에 목을 쳐 버리라는 서면 지시가 하달되었다. 겐자에몬은 그 서면 지시를 보고 당사자에게 "너의 목을 치라는 지시가 내려왔다. 동쪽 둑에서 칠까 한다. 너도 전부터 검술을 익혀 온 터, 이것이 마지막이 될 테니 너도 힘껏 싸우도록 해라"고 일렀다. 그 자도 "잘 알겠습니다"라고 응답했기 때문에 그 자만을 데리고 나섰다.

10칸 너비의 해자를 지나가는데 해자 건너편 기슭에서 겐자에몬의 부하가 "나리 위험합니다"라고 소리치는 바람에 돌아보니 그자가 막 칼로 치려 하고 있는 것이다. 겐자에몬은 잽싸게 몸을 빗겨 칼을 빼면서 바로 쳐 숨통을 끊어버렸다.

겐자에몬은 이때 입었던 옷을 함에 넣어 봉해 놓고 일생 동안 아무에게도 보여 주지 않았다. 겐자에몬이 죽은 뒤 들춰보니, 깃 언저리가 칼에 찢긴 흔적이 있었다고 한다. 그의 아들이 들려준 말이다. 가네마루씨의 말씀.

미나미사토 치카라南里主稅와 후카에 주베이深江十兵衛가 싸운 일.

다지리 구나미田尻宮内가 말을 산 것을 축하하기 위해 평소 알고 지내던 사람들을 모아 놓고 새벽녘까지 술판을 벌였다. 그런 동안에 치카라와 주베이의 말다툼이 일어나 주베이가 치카라를 거머잡아 무릎으로 누르고 눕혀 버렸다. 주베이는 원래 힘이 장사인데다 큰칼, 궁마弓馬 검술이 뛰어났기 때문에 치카라가 꼼짝도 못 했다. 그 자리에 모였던 사람들이 뜯어말려서 화해의 술잔을 나누었다.

그런 일이 있은 후 치카라가 먼저 돌아갔고, 얼마 후 주베이가 돌아가는데 치카라의 부하 수십 명이 창과 장도를 들고 기다리고 있었다. 주베이가 그것을 보고 "길을 막다니. 오냐, 이놈들 한데 묶어 이기든 지든 한판 겨루어 보자"라면서 칼을 빼었다. 한참 싸웠지만 술을 과음한데다 상대가 여럿이라 주베이는 칼을 맞아 죽었다.

치카라는 그 자리에 없었지만 후일 할복을 명 받았다.

사가라 기베이相良喜兵衛가 긴 다이쇼大小(큰칼과 작은 칼. 보통 세트로 차고 다님) 때문에 문책당한 일.

기베이가 수행차 에도에 갔을 때 외출했다가 번저로 돌아오는데 막부의 감찰역과 맞닥뜨렸다. 감찰역이 "법도 위반이다. 어디 다이쇼를 한번 재보자"며 말에서 내려와 기베이를 둘러쌌다. 그래서 기베이는 가볍게 한쪽 무릎을 꿇고 우렁찬 소리로,

"저는 나베시마 가쓰시게의 부하입니다. 부름을 받고 어제 사가에서 에도로 왔습니다. 에도의 법도에 대해서는 평소 주인으로부터 엄한 주의가 있었으므로 긴 다이쇼의 휴대가 금지되고 있음은 익히 알고 있었습니다. 그런데 여행길이 어수선하다는 말을 듣고 젊은 놈이 처음 하는 여행이라 약간 긴 것을 차고 올라왔습니다. 그렇다면 에도에서는 법도에 맞는 것을 차야 되기 때문에 오늘 다이쇼를 마련하기 위해 번화가에 나갔다가 방금 돌아오는 길입니다. 까닭은 그러하오나 저의 한 목숨은 피할 수 없는 운명일 것이므로 각오를 정했습니다. 다만 주인으로부터는 법도에 관해서 누누이 듣고 있었다는 사실만은 귀담아 주시기 바랍니다"라고 말을 끝낸 다음, 칼에다 손을 갖다대면서 투혼 당당히 결투 자세를 취했다.

감찰역은 "그런 사정이었다면 상관없다"라며 그냥 지나가 버리고 말았다 한다.

이때 그 정황을 번저에서 지켜보고 있던 가家 사람들 모두가 여차하면 치러 나갈 채비를 하고 있었다. 가쓰시게공은 그 말을 듣고 "과연 기베이로다. 가에 부끄럼을 끼치진 않을 거야"라고 몇 번이나 말씀하시고 측근들을 보러 가셨다.

아무런 일도 없이 끝난 후 기베이는 주군께 불려가 치하를 받고 하오리 한 벌을 상으로 받았다 한다.

후카보리 마고로쿠深堀孫六에게 부하가 오발했던 일.

마고로쿠가 아직 주군 슬하에 있을 때 후카보리에서 사냥을 했다. 한 부하가 우거진 숲속에 멧돼지가 있는 것으로 착각하고 총을 쐈는데 마고로쿠의 무릎에 맞아 높은 곳에서 떨어졌다. 그 부하가 놀라서 옷을 제치고 할복하려고 했으나 마고로쿠가 "할복은 나중에 하라. 기분이 좀 이상하니 물을 다오"라고 말했다. 부하는 먼저 뛰어가서 물을 길어다 드시게 해서 정신을 차리게 했다.

그 뒤 부하가 할복하려는 것을 마고로쿠가 강력히 말려 놓고 돌아가 사람을 붙여 그를 감시케 하고 아버지 간자에몬官左衛門에게 부하를 용서해 주십사 간청했다. 간자에몬은 "예상치 못한 과실이다. 조금도 걱정할 것 없다. 어려워 말고 근무토록 하라"는 분부를 하셨다 한다. 스케에몬의 말이다.

다카기 아무개가 원수를 갚을 때 그 아내가 한 일.

다카기 아무개가 근처의 농부 세 사람과 말다툼 끝에 몹시 얻어맞아 논바닥에 쓰러졌다가 돌아왔다. 그때 아내가 "당신은 죽음을 잊으신 것 아닙니까"라고 말하자, "아니 잊은 건 아니오"라고 대답했다.

아내는 다시 "어차피 사람은 한 번 죽는 것. 병사, 할복, 교수 등 여러 가지 중에서 꼴사나운 죽음을 한대서야 유감 천만입니다"라면서 밖에 나갔다가 한참 뒤에 돌아와서 두 아이를 재워 놓고 횃불을 장만했다.

어두워지자 몸치장을 하고 "아까 가서 보고 왔는데 세 사람이 모여 무슨 의논을 하는 것 같았습니다. 좋은 기회입니다. 자, 나서시죠"라며 남편에 앞서 횃불을 붙인 다음 와키자시를 차고 일당이 있는 곳에 마구 뛰어들어 부부가 함께 칼로 친 끝에 두 사람을 베어 눕히고 한 사람에겐 상처를 입혀 내쫓아버렸다 한다. 남편에게는 후일 할복 하명이 있었다는 얘기다.

가히甲斐의 다케다 신겐武田信玄의 부하 사무라이가 말다툼 끝에 상대의 팔을 비틀어 엎어누르고 마구 때려 짓밟았다. 동료들이 급히 달려들어서 갈라놓았다.

가로들의 심판 결과 "밝힌 자는 사형을 언도함이 지당합니다" 고 신겐에게 아뢰었다. 신겐은 "승패는 최후의 수단이다. 무도를 망각하고 칼을 쓰지 않은 것은 운이 다한 놈들이다. 앞으로 가家에서의 본보기로 두 사람 모두 책형(죄인을 기둥에 묶고 찔러 죽이는 형벌)에 처하라" 고 엄명하셨고 말린 자들은 추방당했다.

유이 쇼세쓰由井正雪가 쓴 〈삼극류〉三極流라는 병법의 심오한 경지에 '인연성因緣性' 이라는 것이 있다. 대용, 소용, 18권의 서책의 구전口傳을 받아 써두는 것도 아니고 기억하는 것도 아니며 가르쳐 준 것 대부분을 잊어버리는 것이다. 그래 놓고서 무슨 일이 닥쳤을 때 마음 가는 대로 하는 것이다. 이때 배워 두었던 것이 자기의 지혜가 되어 나타나는 것이다. 이것을 인연성이라고 말한다.

중요한 자리에 나갈 때에는 귓불에 침을 바르고 코로 큰 숨을 내뱉은 다음 닥치는 대로 기물을 엎어놓고 나갈 것. 이것은 주술呪術이다. 또 울컥 치밀어오를 때는 귀 윗부분에 침을 바르면 금세 사그라진다.

정鄭나라의 명재상 자산子産이 죽음에 이르렀을 때 나라 다스리는 법을 물은 사람이 있다.

"어진 정치보다 나은 건 없다. 그러나 어설프게 하면 어정쩡하고 흐리멍텅해진다. 어진 정치를 펼 수 없다면 엄한 정치를 하는 것이 좋다. 엄하다는 것은 사건이 일어나기 전에 엄하게 해서 나쁜 일이 생기지 않도록 하는 것이다. 나쁜 일이 생기고 나서 엄하게 하는 것은 올가미를 씌우는 것이나 마찬가지다. 불은 살을 태운다는 것을 알고 있기 때문에 불로 상처를 입는 사람은 적다. 물에 대해서는 만만하게 생각하기 때문에 익사하는 사람이 많다"라고 자산이 답했다 한다.

어떤 사람이 "바름(理)과 그름(非)의 형체를 알았다"고 한다. 그 형체가 어떤 것이냐고 묻자 "바름은 모가 나서 자리잡은 채 움직이는 일이 없다. 그름은 둥근 것이다. 옳고 그름, 간교하고 정직함을 마다하지 않고 아무 데나 굴러다니는 것이다"라고 말했다.

후카에 안겐深江安元이 오사카의 뎃슈鐵舟 스님이 있는 곳에 친지를 데리고 왔다. 그리곤 나직하게 "데리고 온 사람은 불도에 뜻을 두고 가르침을 받고 싶다고 말하고 있습니다. 상당히 우수한 사람입니다"라고 전했다.

스님은 그 사내를 만나본 뒤에 "귀하는 사람을 버리게 하는 사람이다. 그 사람을 우수하다고 말했는데 어디가 우수하단 말인가. 이 뎃슈의 눈에는 하나도 우수한 데가 보이지 않았다. 대개 사람은 웬만해선 칭송하지 않는다. 칭송을 받으면 지혜 있는 자도 어리석은 자도 자만하는 것이다. 칭찬하는 것은 사람을 버리게 하는 것이다"라고 말했다 한다.

이이井伊 가에서는 본처를 두지 않았다. 나오마사直政는 "우리 가는 전투에서 선두를 맡는 가이므로 못난 사람이 가를 계승해서는 주군을 위해 구실을 다하지 못한다. 본처를 정하면 꼭 본처 태생의 자식에게 가를 잇게 하려 하기 때문에 못난 사람일지라도 세습시키지 않을 수 없다. 첩 소생 중에서도 기량이 우수한 자를 골라 가를 계승케 하라"고 유언하셨다 한다.

그런데 나오마사의 장남 나오쓰구直繼의 재능이 부족했기에 가로인 마쓰시다 겐자에몬松下源左衛門은 "차남이신 분이 재능도 뛰어나시니 가를 계승하시는 것이 당연하다"며 막부에 품신하여 나오쓰구를 물러나게 했다. 그때 막부 당국은 나오쓰구에게 별도로 엔슈遠州 가케가와掛川에 3만5천석의 녹을 내려주셨다. 겐자에몬은 "내가 품신해서 물러서게 했으므로 나리의 가로를 맡지 않으면 안 되겠다"며 자진하여 나오쓰구를 따라갔다.

막부에서 열리는 1월 7일의 7종 행사에는 가케가와로 옮긴 후에도 본가 가로로 있을 때처럼 겐자에몬이 나서서 행사에 참가하고 있었다 한다.

이이 마치요萬千代 나리가 고쇼(도쿠가와 이에야스의 동자 시종)였을 때 이에야스공이 이로리(마룻바닥을 파서 만든 난로)에서 요리를 하셨다. 마치요에게 냄비 뚜껑을 건네주며 "맛이 어떠냐"고 물으시자 "뜨겁습니다"라고 대답했다.

어떤 전투에서 이에야스공이 패전하여 모두 뿔뿔이 흩어지고 부하 5~6명이 남아 함께 후퇴했다. 굶주림과 피로로 지친 채 지나다가 절이 눈에 띄어 들어가보니 팥밥이 제물로 올려져 있었다. 이것이야말로 신神이 내려주신 것이겠거니 반가워, 모두가 허겁지겁 먹었는데 마치요 한 사람만이 손을 대지 않는 것이다. 이를 보신 이에야스공이 "아무리 어리다고 해도 때가 있는 거야. 굶주림은 면해야지, 바보 녀석 같으니"라고 꾸짖었다.

마치요는 "제가 결코 사양하고 있는 것이 아닙니다. 적이 뒤쫓아오고 있으니 이윽고 이곳에도 밀어닥칠 것입니다. 그때 저 혼자서 버티고 싸우다가 죽겠습니다. 그 사이에 퇴각하옵소서. 죽은 제 몸에서 팥밥이 나와서 굶주린 주인과 부하들이 젯밥을 먹은 일이 탄로나면 분하리라 생각될 것이기 때문입니다"라고 말했다.

마치요 나리는 천하에 둘도 없는 용사로서 후일 도쿠가와군의 선발대로 명 받았다. 어느 때 싸움터에서 너무나 무섭게 돌진해가므로 이에야스공은 걱정한 나머지 지휘봉을 깨물어 으깨셨다 한다. 이때 쓰셨던 금 지휘봉을 그 자리에서 마치요 나리에게 맡기셨는데 이이 가에 전해 내려오고 있다 한다.

호타 가가노가미 마사모리堀田加賀守正盛 나리가 고쇼였을 때 이에야스공은 호타 나리가 너무 고지식한 성격이기에 시험해 볼 요량으로 부젓가락을 달구어 이로리 건너편에다 세워두셨다. 호타 나리가 언제나 거기서 부젓가락을 들고 인사를 드리곤 했기 때문이다. 공이 호타 나리를 들라 이르시자 호타 나리는 아무렇지도 않게 부젓가락을 손에 쥐었고, 금세 손바닥이 타서 눌어붙어 버렸다. 그런데도 호타 나리는 평상시와 다름없이 목례를 하는 것이었다. 공께서 냉큼 일어나셔서 호타 나리의 손에서 부젓가락을 치워버리셨다는 것이다.

어떤 사람이 말했다.

“성을 넘겨주어야 할 때 인도하지 않으려고 한두 사람 농성하는 경우는 있어도 전원이 한뜻으로 뭉쳐지지 못하므로 이제까지 농성한 성은 하나도 없다. 성을 넘겨주지 않으려면 성을 인수할 패들이 성 근처에 왔을 때 농성을 결심한 한두 사람이 활이든 총이든 몇 발 쏘면 인수하는 측이 소란해져서 싸움을 걸어온다. 그렇게 되면, 싫든 좋든 농성하지 않을 수 없게 된다. 즉 농성은 상대방이

시켜주는 것이란 말이다."

이케다 사가미노가미池田相模守 나리(인슈 돗토리의 성주)의 부하인 모씨가 구매 담당으로 교토에 와서 시중의 상가를 빌려 체류하고 있었다.

어느 때 번화가로 놀러 갔는데, 지나가던 사람이 "지금 싸우고 있는 것이 이케다 사가미노가미의 부하들이랬지?"라면서 스쳐갔다.

그는 싸우는 자들이 같은 가 사람이란 말을 듣고 걱정이 되었다. 그즈음 에도 주재원의 교체로 교토 구경을 나온 사람이 있었던 것이다. 아마 그 친구들이 아닌가 싶어 지나가던 사람에게 장소를 물어서 숨차게 달려가 보니, 역시 가 소속원이 칼에 맞은 채 쓰러져 있고 상대방이 숨통을 끊으려 하고 있었다. 그 사내는 소리를 지르며 두 사람에게 달려들어 쳐죽이고 돌아갔다.

이 일이 부교소奉行所(에도 시대 부교가 집무하는 사무소)에 알려져 그 사내는 호출을 받았다. "귀하는 같은 가원의 싸움에 가세해서 법을 어겼다. 틀림없지"라며 취조 심문을 하는 것이었다.

그 사내는 "저는 시골 놈이라 지금 무슨 말씀을 하신 건지 못 알아들었습니다. 다시 한번 말씀해 주세요"라고 말했다. 부교소 직원이 화를 내며 "귀가 멀었나? 싸움의 편을 들어 사람을 죽인 것은 법도에 어긋나 규칙 위반이 되는 것이야"라고 호통을 쳤다.

그러자 그 사내는 "말씀하시는 내용 이제 알겠습니다. 법에 어긋나 규칙을 위반했다고 하시는데 저는 전혀 법을 어기지도 않았고 규칙 위반한 사실도 없습니다. 다시 말씀드리면 사람은 물론 모든 생물이 생명을 귀하게 여기지 않는 것은 없습니다. 저도 목숨은 소중합니다. 하지만 같은 가원이 싸우고 있다는 말을 듣고 모르는 체하는 것은 무도에 어긋나는 것이라 생각되어 그 장소로 뛰어 갔었습니다. 동료가 칼부림을 당하는 것을 보고도 나 몰라라 뻔뻔스럽게 돌아선다면 목숨은 이어나가겠지만 무사도는 스러지고 말 것입니다. 무사도를 지키기 위해 소중한 목숨을 버리는 것은 무사의 법을 지키고 무사의 규칙을 위반하지 않기 위함입니다. 저의 한 목숨은 이미 그 자리에서 버렸습니다. 그러므로 어서 처형을 하명해 주시기 바랍니다"라고 말씀드렸다.

부교소 직원들은 매우 감복하여 아무런 추궁도 없이 오히려 사가의 나리에게 "좋은 부하를 두셨습니다. 눈여겨 보시옵소서"라고 칭송의 말을 전했다 한다.

아리마 나카쓰토무 다이스케有馬中務大輔 나리의 교토 주재역은 아리타 가쿠에몬有田角右衛門이라는 사람이었다.

어느 날 가쿠에몬 저택에 옷에 피가 묻은 사람이 뛰어 들어와서, "저는 몇 년 전에 모처에서 가쿠에몬 나리와 가까이 지내던 사람입니다. 화급한 용건으로 당장 뵈었으면 싶은데 현관까지 좀 나와

주십사 말씀드려 주십시오"라고 했다.

부하가 알겠다며 가쿠에몬에게 알리자 "그래, 그 인물과는 만난 적이 있지, 그런데 무슨 용건일까"라고 의아해 했다. 부하가 "옷에 피가 묻어 있었습니다"고 말하자 "그렇다면 알았다"며 가쿠에몬은 큰칼, 작은칼을 차고 현관으로 나갔다.

그 사내는 가쿠에몬을 보자 "방금 부득이한 사정으로 사람을 살해했습니다. 그 자리에서 죽기는 억울하기도 하고 까닭도 있기 때문에 어른을 의지해서 뛰어 들었습니다. 뒤에서 쫓는 사람이 있는데 숨겨주시지 않겠습니까"라고 말했다.

가쿠에몬이 물었다. "어떻게 처치했소."

"두 사람은 죽였고, 한 사람에겐 상처를 입혔는데 그만 놓치고 말았습니다, 분합니다"라고 대답했다. 가쿠에몬이 그 말을 듣고 나더니, "잘했소. 어서 안으로 드시구려"라고 말하며 부하를 시켜 씻을 물을 가져오게 하고 차와 담배 등을 내놓은 뒤, 자기는 수위실에 가서 지키기로 했다.

그런 동안에 한 떼가 몰려왔다.

"이 저택에 살인자가 뛰어드는 것을 봤소. 어서 내놓으시오"하는 것이다. 가쿠에몬은 "무슨 소리야. 잘 못 찾아든 거야"라고 시치미 떼며 응대했지만 "아니오, 뒤따라와 분명히 이 눈으로 봤는데 말도 안되오"라고 대꾸한다. 가쿠에몬이 "증거가 있어?"라고 받아친다.

"들어가는 걸 봤으면 그게 증거지, 안에 들여놓지 않았다는 증거가 있단 말인가."

"주군이 전부터 뛰어드는 자는 절대 받아주지 말라는 엄명을 내리셨소. 감히 어떻게 주군의 명령을 어기고 뛰어든 자를 받을 리가 있겠소. 이것이 증거요."

"그렇다면 집을 뒤질 테다"라며 나서는데, 가쿠에몬이 가로막으면서 "아리마 가의 저택을 뒤지게 하다니 문지기의 체면은 어떡하라는 말인가. 까닭도 물어보지 않고 다이묘의 저택을 함부로 짓밟으려고 하는 행패꾼들 한 놈도 남기지 말라"고 호령하면서 칼을 뽑아 수위실 직원들과 함께 치고 달려들었다.

추적자들은 겁을 먹고 사죄하며 돌아갔다.

하지만 뛰어 들어오는 것을 목격한 사람이 있었던 터라 누군가가 이 일을 부교소에 고해 바쳤기 때문에 가쿠에몬이 호출되어 조사를 받게 되었다.

가쿠에몬은 "아니오, 우리 번저엔 그런 일 없습니다"고 잡아뗐지만 부교쇼 직원이 "그대가 아무리 감추려 해도, 절대 틀림없다고 고해 바치고 나온 이상 이제 감춰 둘 수 없는 일이오. 어서 빨리 내놓으시오"라고 윽박질렀다.

그래서 가쿠에몬은 "그렇다면 어쩔 수 없군요. 바른 대로 말씀드리죠. 나는 수년 동안 주재역을 맡아왔고 나이도 먹었기 때문에 꽤 많은 사람과 친교도 있거니와 이름도 알려진 사람입니다. 그런데 이번 일로 소문이 나빠진다면 체면을 잃을까봐 이제까지 속여왔습니다. 뛰어들어온 자가 있었음은 사실입니다. 그 자가 나를 의지하고 있는데, 주군은 뛰어들어온 자를 절대로 감추지 말라는 규칙을 문서로 시달하셨습니다. 주군을 배반할 수는 없는 일인지라 의리에 어긋나는 일이지만 그 이유를 설명하고 뒷문으로 조용히 도망치게 했습니다"라고 진술했다.

부교소 직원이 갸륵한 일이라고 감복하고 고소인에 대해서는 "아리마 번저를 샅샅이 수색했지만 은닉하고 있지 않다는 것이 확인되었다. 바깥을 찾아보는 것이 좋겠다"고 일렀다.

가쿠에몬은 돌아와서 그 살인자의 상처를 치료해 주고 며칠 후 노자를 주어서 도망치도록 해주었다고 한다.

그 당시 이 사건을 극화하여 시조가와라四條河原(교토의 번화가)에서 홍행에 부쳤었다.

이와키磐城국 나카무라中村의 소마相馬 나리의 족보는 일본에서 으뜸가는 족보다.

어느 해 저택에 화재가 났을 때의 일이다.

소마 나리가 "저택이나 도구류는 나중에 다시 만들 수 있는 것이니 다 타버려도 괜찮지만 우리 가문에서 제일 가는 보물인 족보를 꺼내지 못한 것이 유감천만이다"라고 말했다. 수행하고 있던 어떤 사람이 "제가 가지고 나오겠습니다"하며 나서자 소마 나리는 물론 동료들이 "이미 건물 내부까지 불이 옮겨 붙었다. 어떻게 꺼내겠단 말인가"고 바보 취급을 했다.

말을 꺼냈던 사내는 평소 얼뜬데다 별로 쓸모도 없었지만 소마 나리는 어딘지 마음에 들어서 곁에 두고 있던 사람이었다. 그 사내는 "언제나 별 재간이 없어서 이렇다 할 구실도 못했지만, 언젠가는 제 목숨을 나리께 바쳐 보람있는 일을 해야겠다는 각오를 가지고 있었습니다. 그 목숨을 바칠 때가 왔습니다"라면서 불 속으로 뛰어들었다.

정작 불이 꺼지고 나자 소마 나리는 "공연한 짓을 했구나. 하다못해 저 자의 유해라도 찾아 주어라"고 분부하셨고 모두 나서서 사방을 찾아보았다. 그러자 거실 앞뜰에서 검게 타버린 사체가 눈에 띄었다.

사체를 움직이자 배에서 피가 흐르고 있었고 뱃속에는 족보가 들어 있었는데 전혀 불에 타지 않은 채 그대로였다. 그로부터 족보를 혈계도血系圖라 부르게 되었다.

역경易經의 비법에 점을 맞는다고 생각하는 것은 잘못된 것이다. 맞지 않는 것이 옳단 말이다. 점을 봐서 길吉이라고 나와도 악행이 있으면 흉凶으로 변하고, 흉이라도 선행을 쌓으면 길로 변한다. 공자가 "몇 년만 시간을 내어 내게서 역학을 배우면 큰 잘못도 없을 것이다"라고 말한 것은 역학을 배우라는 뜻이 아니다. 역학의 본질을 파악해서 수년간 선행을 쌓으면 잘못을 저지르지 않게 될 것이다. 어떤 분의 말씀이다.

히라노 곤베이平野權平는 '시즈가다케의 일곱 창'(시즈가다케 전투에서 공을 세운 7인의 맹장) 중의 한 사람으로, 후에 이에야스공의 하타모토旗本(쇼군의 직속 무사)로 등용되었다. 어느 날 히라노는 호소가와 에추노가미細川越中守의 초대를 받았다. 호소가와 나리가 "곤베이님의 무용은 일본에서도 널리 알려진 것입니다. 그러한 대용사이면서도 지금처럼 녹이 적다는 것은 유감스런 일입니다. 자신도 만족하고 계시지 않겠죠. 우리 가로 오신다면 영지의 절반은 드릴 텐데"라고 했다.

히라노는 아무 대꾸도 없이 갑자기 일어나서 마루 끝에 나가, 그 자리에 서서 소변을 보면서 "귀가의 부하가 되면 이 자리에서 소변보는 것은 이제 못하게 되겠군요"라고 말했다 한다.

세키가하라 전투 때 히데다다秀忠공이 기소로木曾路로 진격했는데 우에다上田의 마다 마사유키眞田昌幸가 그 진로를 방해했기 때문에 결전에 늦어버렸다. 이에야스공은 잔뜩 화가 나서 "하늘에 맹세코 너의 얼굴은 두 번 다시…"라고 하시는데 혼다 사도노가미本田佐渡守가 공의 입을 손으로 덮고 말문을 막으면서 "다음 말은 그만하옵소서. 성질이 급하시니 사부로三郎 나리(이에야스의 아들 노부야스, 후에 자결함)를 잃으실 수밖에. 더 고집하시렵니까"라고 말했기 때문에 공은 안으로 들어가 버리셨다 한다.

히데다다공은 세키가하라 전투에 늦게 참가했던 일을 두고두고 후회하셨다 한다. 사도노가미 나리는 노후에 히데다다공 앞에서도 책상다리를 하고 두건을 쓰는 것이 허용되었다 한다.

야마모토 고로자에몬山本五郎左衛門이 에도의 데쓰규鐵牛 스님을 찾아가서 불도를 터득하고 싶다고 말했다. 스님은 "불법佛法은 분별해서 취하거나 버리는 것이다. 별다른 것이 아니다. 사무라이에 비유해서 말한다면, 억憶자는 마음 심心변에 뜻 의意자를 붙여서 만든 글자다. 의意는 분별이다. 마음에 분별이 붙으면 억병자憶病者(겁쟁이)가 된다. 무사에게 분별이 생긴다면 용기를 낼 수 있겠는가 라고 대답했다 한다.

〈갑양군감〉甲陽軍鑑에 실려 있는 이야기이다.

어떤 사람이 "적과 맞닥뜨렸을 때 어둠 속에 들어선 것 같은 느낌이 듭니다. 그 때문인지 부상을 자주 당합니다. 귀하는 여러번 이름을 날리면서도 부상을 당하지 않았는데 어떻게 하시기에 그러시는지요"라고 물었다.

그 말을 들은 사람이 "적과 맞닥뜨리면 역시 어두워집니다. 그 때 마음을 좀 가라앉히면 어슴푸레한 달밤 정도로 밝아집니다. 그

때부터 치고 나가면 상처를 입지 않으리라 생각됩니다"라고 대답했다. 일단 유사시에 그 사람의 됨됨이가 나타나는 것이다.

세키가하라 전투 때 모리毛利 일족이 모여 이에야스 편에 설 것인가, 이시다石田 편에 설 것인가를 놓고 논의가 벌어졌다. 모리 히데모토毛利秀元가 "이에야스공을 편드는 것이 당연하다. 나를 따르라"고 말하자, 요시가와 히로야吉川廣家가 "이시다 쪽에 편들겠다고 이미 회답해 버렸습니다"고 나섰다.

히데모토는 그 말을 듣고 "그런가. 그렇다면 어쩔 도리가 없군. 사무라이의 일언은 천금과 같다고 하는데 이즈음에서 내가 동의하지 않아서서 일방적으로 약속을 어긴다는 것은 모리 가의 수치다"라고 하면서 일가의 군세를 이끌고 세키가하라로 출진했다. 이에야스공 진영 근처에 방비태세를 갖추고, 굳게 지키며 위압을 가하고 있었다.

이에야스공의 참모들은 그 대비 태세를 보고 "먼저 모리의 진영을 쳐야 한다"고 나섰지만 이에야스공은 "히데모토는 용감무쌍한 용사다. 이쪽에서 손쓰는 것을 보면 죽기 살기로 지원할 것이 뻔하다. 결코 손을 대서는 안 된다"며 강하게 제지했다.

이시다 군대는 이 전투에서 패배하여 사방팔방으로 흩어져버렸고, 이에야스공은 승리를 얻어 대오 당당히 교토로 향했다. 히데모토는 더욱 전투태세를 굳게 갖춰 이에야스공 군열의 뒤를 추격

하고 있었다.

참모들은 "그것 봐. 모리 군대가 우리 뒤를 쫓아오고 있어, 쫓아 흩트려 버리죠"라고 진언했지만 이에야스공은 "절대로 손대지 말아라"고 재삼 제지해놓고 교토에 도착했다.

히데모토는 교토까지 뒤쫓아 왔다가 물러났다. 그 씩씩한 군세는 용감무쌍한 대장이라고 그 무렵 평판이 대단했다는 얘기다. 또 그를 칭송하는 노래가 유행하기도 했었다 한다.

오와리尾張님, 기이紀伊님, 미도水戶님(이에야스의 9남, 10남, 11남)이 열 살 전후일 때, 이에야스공이 이 세 아들을 거느리고 뜰로 나가서 큰 벌집을 떨어뜨렸다. 엄청난 벌떼가 날아 덤비니까 오와리님과 기이님은 질겁을 하고 도망쳤는데, 미도님은 얼굴에 붙은 벌들을 모조리 잡아서 던져버리며 한 걸음도 물러서지 않았다.

또 어느 때는, 이에야스공이 큰 화로에 밤을 몽땅 넣어두고 세 사람을 불렀다. 밤이 익기 시작하자 한꺼번에 튀기 시작했다. 두 사람은 놀라 달아났는데 미도님은 튀어서 날아간 밤을 주워 도로 화로에 던져 넣으면서 조금도 놀라지 않았다고 한다.

곤겐權現(이에야스의 존칭)님의 존칭은 생존중에 소망하시던 것이었다. 유언에 따라 유해에 갑옷을 입히고 관에 넣어 구노산久能山에 모셨다가 후에 닛코산日光山으로 옮겼다. 그리고 병중이던 4월 13일, 전투 때 썼던 칼로 죄인을 베고 피가 묻은 채로 그 칼을 구노산 도쇼구東照宮에 모셨다. 그때 이에야스공은 "동쪽에 있는 나라들은 모두 손에 넣었으니 사후에도 아무 걱정이 없을 것이다. 그러나 서쪽 나라들은 마음이 쓰이므로 칼끝을 서쪽으로 향해서 놓도록 하라"고 말씀하셨다 한다.

치쿠고筑後(지금의 후쿠오카현 일부) 구루메久留米의 시종 무관 아리마나카쓰토무 다이스케 요리모토有馬中務大輔頼元는 현군이라는 평판이 자자했다.

어느 날, 가 소속 사무라이의 부정행위에 대한 징계 심의가 있었다. 사무라이는 절대 사욕을 위해서 한 일이 아니라고 주장했지만, 가로들은 조사를 위해 고문을 해야겠다고 품신했다.

나카쓰토무 나리는 "예로부터 사무라이를 고문에 건 예는 없다. 쓸데없는 짓이다"라고 말했지만 가로들이 납득하지 않아 할수없이 고문한 결과, 사무라이는 부정을 자백해서 사형이 확정되었다.

그 이듬해 나리가 작은 새에 취미를 붙이셔서 "고쿠라小倉에 큐슈에서도 둘도 없는 휘파람새가 있다고 들었는데 돈이야 얼마가 들든 상관없으니까 꼭 사오도록 해라"는 분부가 있어, 막대한 돈을 들여 사왔다. 얼마나 애지중지하셨는지 사무라이 하나를 배치해놓고 다른 사람은 얼씬도 못 하게 할 정도였다.

어느 날 나리는 차 심부름꾼에게 일러 그 휘파람새를 몰래 뜰에 놔주게 했다. 심부름꾼을 집에 돌려보내면서 이 일을 입 밖에 내지 말라고 다짐하셨다.

휘파람새 담당 사무라이가 모이를 주려고 새장을 들여다보니 새가 없어진 것이다. 바로 달려가 보고를 드리니까 "몹쓸 놈, 필경 훔쳐서 다른 데 팔아먹은 게 틀림없겠지. 엄하게 취조하고 그래도 거짓말을 하면 고문에 걸라"고 가로들에게 하명하셨다.

그 사무라이는 고문에 걸라는 말이 떨어지자 "이렇게 된 이상 바른 대로 말씀드리겠습니다. 사쓰마에 팔았습니다"라고 말했고, 가로들이 나카쓰토무 나리에게 이 사실을 보고했다.

그때 나카쓰토무 나리는 아까 돌려보냈던 차 심부름꾼을 불러 놓고 자초지종을 설명케 했다. 그러고 나서 "사무라이쯤 되는 사람이 고문을 당한대서야 죽은 뒤에도 수치라고 생각되어 없는 죄라도 뒤집어쓰게 된다는 것을 이제 알았을 거다. 앞으로는 사무라이 고문을 엄금한다"라고 이르셨다 한다.

또 어느 때, 가로들이 절도를 사형 죄로 제정하여 품신한 즉, 나카쓰토무 나리는 "아랫것들은 어쩌다 잘못된 생각으로 나쁜 짓을 하는 경우도 있다. 사형까지 할 것은 없지 않은가"라고 말씀하셨다.

가로들이 "사람들에게 본보기로 꼭 사형을 내려 주십시오"하고 주장했기에 나리는 "그렇다면 대국적 관점에서 그 자를 사형에 처하기로 하지. 그렇게 하면 남에게 본보기가 되어 두 번 다시 도적이 나오는 일은 없겠지. 만약 도적이 나오면 가로들의 불찰로 책임진다는 것을 각서로 작성해서 제출하겠소?" 하고 제의하셨기 때문에 가로들도 그 논리에 밀려 절도범을 사형으로 처리하지 않기로 했다는 것이다.

에도에서 하타모토 패들 4~5명이 저녁에 모여 바둑을 두고 있었는데, 한 사람이 뒷간에 간 사이 시비가 벌어진 끝에 상대 한 명을 베어버렸다. 불이 꺼지고 소란스러워졌다.

뒷간에 갔던 사람이 달려와서 "여러분 조용히 해주십시오. 아무 일도 아닙니다. 이 자리는 내가 맡을 테니 불을 켜 주시오"라고 했기에 누군가가 불을 켜서 조용해졌다.

그때 그 사내가 칼 맞은 사람의 목을 잘라놓고 "내 무운은 끝이 났고, 싸우는 자리에 있지 않았으니 겁쟁이가 돼 버렸고 할복은 피할 수 없게 됐습니다. 그렇지 않아도 뒷간에 피신하고 있었다느니 뒷말도 있을 것이고, 변명도 못한 채 배를 가르는 것 이외 다른 길이 없는 입장이라, 혼자 수치를 사서 죽을 일이라면 상대를 쳐 죽였다는 말이라도 듣고 죽으려고 이렇게 한 것입니다"라고 말했다.

열 명쯤 되는 맹인들이 동행해서 산길을 걸어가고 있었다. 절벽

위를 걸어갈 때 모두 다리가 떨려 신중을 기하기 위해 잠깐 땀을 식히고 다시 걸어가다가 맨 앞사람이 발을 헛디뎌 벼랑에서 떨어졌다. 남은 사람들이 "아이고 가엾어라"고 울부짖는 바람에 한 발짝도 나가지 못했다.

그때 떨어진 사람이 벼랑 아래서 "걱정하지 마세요, 떨어졌지만 아무 일 없어요. 이제 안심했소. 떨어지지 않았을 때에는, 큰일이다, 떨어지면 어떡하나 하고 줄곧 걱정만 했었는데 지금은 아주 편안해요. 여러분도 편안해지고 싶으면 빨리 떨어져 이쪽으로 오세요"라고 하더라는 것이다.

호조 아와노가미北條安房守 나리가 병법 제자를 모아 놓고, 그 당시 에도의 소문난 관상가를 불러 의지가 강하고 용기가 있는지 관상을 보게 했다.

"강한 의지는 더욱 더 힘쓰고, 용기는 목숨을 버리고 힘쓰면 얻게 된다. 태어날 때부터 타고난 것이니까 부끄러움이 아니다"라면서 한 사람 한 사람 관상을 봤다. 그때 히로세 덴자에몬廣瀨傳左衛門의 나이가 12~13세 정도였는데 관상가를 마주보고 앉아 거친 소리로 "당신, 겁쟁이 관상이라도 있다고 말해 보시지. 단칼에 베어버릴 테니"라고 했다 한다.

다테 마사무네伊達政宗의 저택에 가네마쓰 마다시치兼松又七가 문안차 왔다. 한참 동안 얘기하고 난 뒤 갑자기 달려들어 부채로 마사무네의 볼을 세게 두드렸다. 마사무네는 조금도 흔들림 없이 "일본에서 내로라하는 다테 마사무네의 볼을 만지거나 문지른 사람은 없다. 자네는 괴짜에 가까워. 훗날 주군에게 도움을 주는 자가 되겠지"라며 칭찬하셨다.

마다시치가 돌아간 뒤 마사무네는 곁에 있던 고쇼를 불러내어 "주인의 면상을 때린 놈을 보고도 잠자코 있는 것은 얼간이야"라며 꾸짖고 할복을 하명했다 한다.

나루세 하야토마사成瀨準人正가 오와리(이에야스의 9남)님의 가로로 천거되었다. 그때 서약서에 '만일 오와리님이 모반을 꾀하거나 하면 바로 에도에 보고해야 한다'는 조항이 들어 있었다. 나루세는 "이 서약서는 쓸 수 없습니다. 왜냐하면 저를 오와리님의 부하로 천거한 이상, 오늘부터는 오와리님이 주인이시고 저는 그 부하가 되는 것입니다. 그러므로 주인의 일을 고해 바칠 이유가 없는 것입니다. 혹여 주인이 역심을 품고 꾀하시면 저도 그 뜻에 따라 에도를 향해 활을 당길 것이오니 그리 알아주시기 바랍니다"라고 말했기 때문에 서약서 제출은 취소되었다 한다.

다이고太閤(도요토미 히데요시의 존칭)공에게 측근들이 물었다.

"천하를 손안에 넣을 만한 기량을 가진 다이묘가 있습니까."

"천하를 손아귀에 넣으려면, 도량이 넓고 용기와 지혜가 있어야만 된다. 이 세 가지를 겸비한 다이묘는 하나도 없다. 젊은 층에는 두 가지씩을 갖춘 자가 셋이 있다. 우에스기 가의 나오에 야마시로直江山城, 이 사람은 그릇이 크고 용기는 있는데 지혜가 모자란다. 모리 가의 고바야가와 다카가게小早川隆景는 그릇이 크고 지혜는 있지만 용기가 모자란다. 류조지 가의 나베시마 나오시게는 용기와 지혜는 있는데 도량이 없다. 다이묘 가운데서 이만한 사람은 없어"라고 대답하셨다 한다.

요즘 승려들은 적극성이 없을 뿐만 아니라 눈앞의 일만 지키려 하고, 무엇이든 대충대충 넘기려고 하는 썩어빠진 꼴이 되어버렸다. 아무런 쓸모 없이 엉거주춤한 얼뜨기라는 말이다. 나는 지금은 비록 나이가 들었지만 어디서든 초대가 있으면 달려가 주겠다고 마음먹고 있다. 대승사大乘寺를 은퇴하고 나서 바로 간토關東로 내려가 세 곳의 절을 돌아다니며 정성을 다해서 돕고 왔다. 오로지 좀 차분하게 지냈으면 좋겠는데 잡일 때문에 여의치 않아 유감일 정도이다.

예전의 사무라이는 잠자리에서 죽는 것을 분하게 생각하고 싸움터에서 죽기를 바랐다. 출가승도 그런 기분을 갖지 않으면 불도를 성취할 수 없다. 자기의 생각만 엉키게 할 뿐이다. 설령 틀어박혀 좋은 일을 한다 해도 도를 깨우치는 일은 이룰 수 없는 것이다. 료이了意 스님의 말씀이다.

세키가하라 전투 때, 이나 즈쇼伊奈圖書 관할의 검문소 앞을 지나던 사람을 위병들이 검문하여 잡아 죽였다. 그러자 후쿠시마 마사노리福島正則측에서 이에야스공에게 사자를 보내어 "우리 부하가 죄도 없는데 이나 즈쇼측에 살해당했습니다. 즈쇼에게 할복토록 명을 내려 주소서" 하는 것이었다.

이에야스공은 아주 신뢰하던 부하였기 때문에 그를 죽이기가 아까워서 "애당초 즈쇼는 몰랐던 일이므로, 위병을 할복시키면 되지 않는가" 라고 대답하셨는데, 마사노리는 "즈쇼의 목을 보지 않고는 그냥 둘 수 없다" 고 강경하게 나오는 것이다.

이에야스공도 거듭 "즈쇼를 죽게 할 수는 없다" 고 버티었는데 공의 부하들이 모두 나서서 "지금과 같은 중대한 시기에 후쿠시마로 하여금 원한을 갖게 하면 안 됩니다. 저 성미에, 머지 않아 우리 진영으로 밀어 닥칠는지도 모릅니다" 라고 건의하는 바람에 즈쇼에게 할복을 하명하셨다. 이쪽 사자가 즈쇼의 목을 들고 가고 있는 도중에 밀고 들어오는 후쿠시마의 부대와 마주치게 되었다.

"말을 들어주지 않으시기에 진영으로 밀고 들어갈 작정이었는데, 즈쇼의 목을 봤으니 돌아가겠다" 고 마사노리가 답했다 한다.

다케다 신겐의 부하 아마리 히젠노가미甘梨備前守가 전사한 뒤, 그의 아들 도조藤藏가 18세의 나이로 아버지의 전직이었던 요리키與力(에도 시대 감찰 · 서무 등의 지휘관)에 이어서 임명되었다.

반원 중 한 사람이 깊은 상처를 입어 피가 그치지 않았을 때, 도조의 지시에 따라 말똥을 물에 타서 마시게 하려는데, 그 사내가 "목숨이 아깝다고 해서 어찌 말똥을 먹는단 말이오"하는 것이었다. 그러자 도조가 "훌륭한 용사로다. 지당한 말이지만 중요한 싸움터라면 살아남아, 다시 주군을 위해 역할을 하고 주군에게 승리를 안겨 주는 것이 충신의 본의가 아니겠는가. 그렇다면 내가 먼저 마셔 보여 주지"라고 말한 뒤 스스로 한 모금 마시고 나서 건네주었다. 그 사내는 황송해하며 그것을 마시고 상처가 나았다 한다.

| 제 8 장 |

승리하는 병법

주군 앞에서는 상관없지만 그 외의 자리에서는
안주 따위를 집을 때 꼭 왼손을 내미는 것이 좋다.
만일의 사태에 대비해 오른손은 감춰 두어야 하는 것이다.

승리하는 병법

병법 구술서에서.

싸우기 전에 승산을 따져보고 싸운다. 이것이 반드시 승리할 수 있는 핵심이다. 평상시의 지혜는 난세의 군비와 같은 것. 아군 5만의 세력으로 적군 10만을 이길 궁리를 하라.

- 적의 성을 공격하고 물러날 때에는, 공격할 때의 길이 아닌 다른 길로 퇴각할 것.
- 아군 전사자는 머리가 적진을 향하도록 엎어놓을 것.

적진으로 진격할 때에는 나무 그늘 등을 눈짐작으로 재고, 저쪽 제방 다리에서 거리가 얼마나 될까 등을 잘 계산해서 지나가라. 그리고 아군이 철퇴할 때에는 기준으로 삼았던 나무 밑에 멈춰서서 인원수를 파악하고 뒤쪽에 붙어라. 그때 퇴각하는 부대원을 향해서 "내가 후미에서 지킬 테니까 동지는 모여라"고 외쳐라.

당연한 일이지만 무사의 마음가짐은, 공격할 때는 맨 앞에, 후퇴할 때는 제일 끝이라야 한다. 적을 공격할 때는 그 시기를 기다려야 한다는 것을 잊지 말고, 기다리는 동안에도 언제든 진격할 수 있도록 태세를 갖춰 두어야 한다는 것을 잊어서는 안 된다.

싸움터에서는 겸손 따위는 필요 없다. 예를 들면 "아무개, 저 강을 그냥 건너라, 저 공격의 선두에 서라" 등의 말을 들었을 때 "어떻게 하면 좋겠습니까" 따위의 말을 하면 안 된다. "알겠습니다. 제일 먼저 건널 테니 귀하는 전술을 잘 구상하고, 상황을 판단해 주시오"라고 해야 되는 것이다.

싸움터에서뿐만 아니라 무슨 일이든 지시가 있을 때에는 그대로 받아들여라. 무사가 미리 걱정하는 것은 대체로 겁이 많은 탓이라고 생각하라.

야전 때의 순서. 첫째가 총, 둘째는 활, 셋째는 자루가 긴 창이다. 졸병들은 싸우려는 의지가 희박하므로 허둥대기 마련이다. 총알도 채우지 않은 채 쏘는가 하면, 활은 땅을 겨냥하고, 창은 눈을 감고 마구 휘두를 뿐이다. 사령관이나 부대장은 이 점을 명심해서 그때 그때 적절한 명령을 내려야 하는 것이다. 적의 졸병들이 허둥대고 있을 때, 기마 무사들이 일제히 박차고 쳐들어간다면 졸병들은 무기를 주체 못하고 속수무책이 되는 것이다. 적이 허둥대며 도망치려 하면 승리는 이쪽 것이다.

흔히 갑옷이 무겁다고 생각하는데, 막상 성을 공격할 때 상대방이 활과 총을 쏘아대거나 큰 돌을 굴러뜨리면 갑옷이 무겁다는 생각이 싹 가신다는 이야기다.

게쓰도月堂(나베시마 모토시게)님이 검술의 필승 지침서를 글로 써 올린 일.

쇼군 이에미쓰공이 검술 연마에 대해서 생각한 바가 있어, 도쿠가와 가의 기무라 스케구로木村助九郎 아니면 나베시마 모토시게 둘 중 하나를 사범으로 위촉할 작정으로 두 사람에게 검술의 필승 지침서를 써 오라고 일렀다.

스케구로는 닥나무로 만든 고급지 3장에 써서 바쳤다.

그런데 모토시게님은 '선이라고 생각하는 것은 나쁘다. 악이라고 생각하는 것도 나쁘다. 선악 모두 나쁘다. 아무것도 생각하지 않는 것이 좋은 것이다'라고만 써서 바쳤다. 이에미쓰공이 그것을 보고 탄복하시어 그를 사범으로 정했는데 모토시게님이 세상을 뜨는 바람에 실현되지 않았다.

야규 다지마노가미柳生但馬守 나리가 쇼군 어전에서 깜짝 연출을 했던 일.

다지마노가미가 쇼군을 배알하고 있을 때 별안간 천장에서 죽도가 여러 자루 쏟아져 내려오는 것이었다. 그때 다지마노가미는 머리 위로 두 손을 모아 막았기 때문에 죽도를 맞지 않았다.

또 어느 때는 쇼군이 그를 불러놓고 숨어 있다가 기습적으로 베려 하셨다. 그 순간 다지마노가미가 큰 소리로 "쇼군님의 검술 연습이다. 보면 안 된다"고 외쳤다. 쇼군이 무심코 뒤돌아 보셨다. 이때 그가 쇼군의 죽도를 빼앗았다고 한다.

칼집에서 칼을 빼어든 자와 맞닥뜨렸을 때의 일.

칼을 빼어든 자와 맞닥뜨렸을 때 그쪽에서 말을 걸지 않으면 이쪽에서도 아무 말 할 필요가 없다. 상대가 먼저 무슨 말을 하면 "나는 아무 상관이 없소. 그냥 지나 가시구려" 해놓고 스쳐 지나가면서 "지나가던 중이지만 칼을 빼든 자를 그대로 둘 순 없다"하면서 뒤쫓아가라. 그래야 유리하다.

그리고 칼을 빼든 자가 눈에 띄면 그때부터 길 한복판을 걸어라. 옆에서 봐도 믿음직스럽다. 그런 다음 상대를 마주보고 칼을 칼집에 도로 넣게 해라. 만약 덤비고 나오면 그때는 알아서 할 일.

말다툼 때 명심할 사항.

"네, 그렇습니까" "과연 지당한 말씀입니다" 등등으로 이쪽이 숙이는 척하면서 상대방을 충분히 떠들게 해놓고, 신이 나서 말이 빗나가거나 하면 그 실언을 꼬투리로 잡아 실컷 반박해 주어라.

화살을 빗겨가게 하는 부적.

적의 화살을 맞지 말아야겠다고 생각하는 사람에겐 부적의 효험이 없다. "아무 화살이나 맞지 말고 고명한 사람의 화살에 맞아 죽어야겠다"고 생각하는 사람에게는 부적의 효용이 있다고 한다.

풍경風磬에 관한 것.

군대에서도 풍경이 사용된다. 풍향을 알기 위해서이다. 야간 전투 때 바람 부는 쪽에 불을 놓고 바람 맞이 쪽에서 쳐들어간다. 우리 편도 야간 습격을 당하는 수가 있는 것이니까 경계해야 된다. 언제나 바람을 알기 위해 풍경을 달아두어야 할 일이다.

자객 따위를 명령 받았을 때에는 어디에 있었건 집에 돌아가지 말고 그 자리에서 바로 명령을 실행해야 한다. 평상시에도 주군의 부름이 있을 때에는 마찬가지다. 그러므로 무사는 미리 미리 각오하고 있다가 주군의 부름에 응할 수 있도록 유념해야 한다.

오사카 전투 때 가토 히고노가미 나리의 인질을 되찾은 일.

가토의 처자가 인질로 오사카성에 잡혀갔었다. 가로인 오기 도사大木土佐는 80이나 되는 노인이었는데도 매일 그들을 위문하러 다니다가 성지기와 친해졌다. 고령이라 걸어다니기 힘들다는 이유로 가마를 타고 출입했다. 어느 날 가마에 가토 나리의 처자를 몰래 태우고 자기도 가마에 올라타 성지기들에게는 평소와 같이 인사를 하면서 성을 빠져나왔다고 한다.

다치바나 가立花家의 공격 때 오야 다로자에몬大家太郎左衛門에게 전달자 역할을 하명했던 일.

전투 개시 전날, 나오시게공은 야나가와柳川의 다치바나 가에 다로자에몬을 사자使者로 파견하려고 했다. 부하들 모두가 다로자에몬은 추남일 뿐만 아니라 말더듬이라는 이유로 부적합하다고 반대했지만, 나오시게공은 "이번 사자는 용모나 언변이 어떻든 상관없는 일이다. 강골이냐 아니냐가 중요하다. 다로자에몬의 성격이 어떤지를 알고 있기 때문에 곁에 두고 있는 거야"라며 굳이 보내셨다.

그런데 전달 사항은 "이번 이에가스공의 명령에 따라 내일 공격해 들어가기로 했습니다. 무슨 해명할 일이 있으시다면 서둘러 가토, 구로다 두 확인관에게 말씀해 주시도록"이라는 내용이었는데, 그 말을 전달하면서 다로자에몬이 말을 더듬었던 것이다.

그에 대한 답변을 기다리고 있을 때 칸막이 한 장을 사이에 둔 옆 칸에서 다치바나 가의 사무라이들이 말하는 소리가 들렸다.

"우리를 만만하게 보는 모양이지, 다치바나 가쯤 되는 무문武門이 이제 와서 변명이라도 하리라 생각하는가보다. 게다가 사자라고 하는 자의 꼬락서니치고는 얼굴이 어찌 그리도 못생겼지, 말까지 더듬으면서. 나베시마 가에 참으로 인물이 없는 모양이구만"이라고 마구 욕을 해댔다.

그런 동안에 다치바나 가의 답변이 나왔다. 다로자에몬이 돌아가기 위해 일어서면서 큰 소리로 "방금 옆 칸에서 말씀하신 요지는 이쪽에도 그대로 들렸습니다. 귀로 듣는 일이니 빠짐없이 잘 들었습니다. 나베시마의 창이 만만한지 어떤지는 내일 한 사람 한 사람 맛을 보게 될 것이오. 그건 그렇다치고, 내가 추남인데다 말까지 서투르다고 한 비방은 어쩔 수 없는 일. 하지만 무사는 생김새나 말솜씨가 중요하다고 생각을 하시는 모양인데, 내일 싸움터에서 나의 솜씨를 보여드리겠소. 어디 이 추남에게 한번 덤벼 보시구려. 아니, 지금이라도 당장 손맛이 어떤지 보고 싶다면 나서시오. 보여 드리리다"라고 내뱉고 한참 기다리다가 유유히 돌아왔다고 한다.

일설에 의하면 위의 사자는 나루토미 효고였다고도 하고, 다른 두 사람의 이름도 나와 있다.

아키 나리가 자손들에게 병법을 배우지 말라고 한 일.

“싸움터에서는 이것저것 방안이 떠올라 아무 것도 안 돼 버리는 수가 있다. 병법만 놓고 따지다간 적을 쳐부술 수가 없다. 오히려 분별없이 행동에 옮기는 게 싸움터에서는 중요하다. 더욱이나 어설프게 병법 따위만 들먹이고 있으면 이럴까저럴까 망설이다 좀처럼 결단도 못 내리게 된다. 우리 자손은 결코 병법 같은 것 배우지 말아야 한다”라고 말씀하셨다 한다.

충절이라는 것.

주군을 보좌하여 가를 평안하고 태평하게 하는 것이 큰 충절忠節이다. 맨 먼저 적진에 쳐들어가는 것이라든가 첫째가는 용감함 따위는 오직 목숨만 걸고 나서면 된다. 그때뿐인 것에 불과하다.

주군의 마음을 곧게 한다는 것은 목숨을 던진다고 해서 되는 일이 아니다. 일생 동안 고생하지 않으면 안 된다. 우선 동료나 그 외 사람들의 신용을 얻고, 주군의 신뢰를 얻어 기꺼이 베푸시는 호의로 가로직이나 중신으로 승진된 다음이라야 충간도 할 수 있는 것이다. 이런 동안의 고생은 말로 다 할 수 없을 정도다. 사리사욕을 위한 출세일지라도 고생해야 되는데 하물며 주군을 위해서 입신하려는 것이라면 이만저만한 끈기가 있어야 되는 게 아니다.

하지만 그런 점을 염두에 두지 않고는 충신이란 말을 들을 수 없는 것이다.

나오시게공이 하신 말씀.

"젊은 사무라이들이 주의해야만 될 일이 있다. 평화시에 전쟁 얘기가 나왔을 때 '막상 일이 닥치면 어떻게 해야 하지?' 따위 말을 하는 게 아니다. 가장 못난 짓이다. 다다미 위에서조차 어찌 할 바를 모르는 자가, 어떻게 싸움터에서 제 구실을 다하리오. '무슨 일이 있어도 이기자. 절대 제일의 무공자가 된다'라고 해야 할 일이다. 목숨을 다 바쳐 노력해도 경우에 따라 뜻대로 안 되면, 그건 어쩔 수 없는 것이다."

다케다 신겐의 부하가 13살 때부터 이에야스를 노렸던 일.

"이에야스공을 쳐죽인 자에게는 막대한 상을 내린다"라고 신겐이 공표했었다.

어느 사내가 13세 때부터 이에야스공을 섬기다가 어느 날 밤 이에야스공이 잠들자 침구 위로 힘껏 칼을 내리쳐 찔렀다. 그러나 실은 이에야스공은 옆방에서 그것을 보고 있다가 바로 잡아눌렀다. 취조 결과 그자는 숨김없이 고백했다. 이에야스공은 "제법 쓸 만한 놈으로 보여서 안심하고 데리고 써 왔는데, 정말로 기특하다"며 신겐에게 돌려보냈다.

기타바타케님의 싸움 이야기.

가라즈唐津의 사무라이들이 저녁에 모여서 바둑을 두고 있었다. 옆에서 구경하던 기타바타케님이 훈수를 두다가 눈깜짝할 사이 칼 베임을 당했다. 곁에 있는 사람들이 가라즈 사무라이를 떼어 말렸다. 그때 기타바타케님은 촛불을 손으로 끄면서 "내가 아주 잘못했소, 사과합니다. 나는 아무 상처도 입지 않았소, 아마 바둑알 통을 치신 모양이구려"라고 말해놓고 촛불을 켠 다음 화해의 술잔을 나누게 되었는데, 가라즈 사무라이가 가까이 다가왔을 때 칼을 빼면서 바로 쳐 목을 잘라버렸다.

그래 놓고 "나는 허벅지를 맞아 일어나 맞서지도 못했고, 상처 부위를 옷으로 꽉 묶어 바둑판에 기대고 있었기 때문에 이렇게 되었소"라고 했다. 그로부터 얼마 안 되어 그도 똑같이 당하고 말았다는 얘기다.

연회석에서 주의해야 할 일.

주군 앞에서는 상관없지만 그 외의 자리에서는 안주 따위를 집을 때 꼭 왼손을 내미는 것이 좋다. 만일의 사태를 대비해 오른손은 감춰 두어야 하는 것이다.

후회에 관해서.

후회처럼 싫은 것은 없다. 누구나 후회하지 않도록 됐으면 좋겠다. 하지만 모든 일이 잘될 때는 기고만장해진다든지 그만 들떠서 주의가 산만해지거나 해서 대개 앞일을 생각하지 않기 때문에 더 나아가지 못하고 막혀 버린다. 제발 정신을 바짝 차리고 매사 순조로울 때에는 차분해져야 한다.

선대 야마모토 진에몬(쓰네토모의 아버지)의 평상시 교훈.

1. 젊은 사람은 노래, 대중잡지류, 바둑, 장기 등 긴장을 해이시키는 것을 멀리해야 한다. 나카노 가문은 떡갈나무로 만든 칼자루를 쥐고 무용을 나타내는 것이 일이다.

2. 만사는 마음 하나에 달려 있다.

3. 속은 개가죽, 겉은 호랑이 가죽.

4. 편지 끝에 황공이란 말 하나 더 쓴다고 해서 붓이 닳지는 않는다. 절을 한다고 허리가 휘는 것도 아니다.

5. 불에 구운 새라도 끈을 매달아라.

6. 달리는 말에도 채찍을 가하라.

7. 얼굴을 맞대고 말하는 사람에겐 적의가 없다.

8. 사람은 일대一代로 끝나지만 이름은 영원하다.

9. 금 · 은은 벌면 되지만 인물은 그렇게 안 된다.

10. 헛웃음 치는 사람은 겁쟁이, 여자라면 바람둥이.

11. 한 거리를 지나는 동안에 일곱 번 허풍을 떨 수 있는 사람이라야 사내다.

12. 알고 있으면서 묻는 것은 예의고, 몰라서 묻는 것은 법이다.

13. 일방一方을 보고 알 수 있으면 팔방八方이 보인다.

14. 하나를 알아서 만 가지를 깨닫는다.

15. 뜻은 언제나 푸른 솔잎 같아라.

16. 의지할 수 있는 사람은 거물이다.

17. 하카마(치마바지) 밑으로 손을 넣지 말라. 주의 부족이다.

18. 사람들 앞에서 크게 입을 벌리고 하품하지 말아라. 부채나 옷으로 가리고 하라.

19. 갓과 투구는 앞쪽으로 기울여서 써라.

20. 죽을병을 앓고 있을 때 신음소리를 내고 싶었지만 세상에 진에몬이라고 이름깨나 알려진 사람이 죽을 때 신음했다는 소문이 나면 창피를 살 것이 뻔하므로, 끝내 신음하지 않았다.

도리 스네에몬의 일.

이에야스공 지배 하에 있는 성에 적이 몰려와서 어려움에 처해 있다는 급보를 받고 이에야스공은 "내일 구원군을 보낼 테니 그동안 잘 지탱하라"는 지령서를 스네에몬에게 들려 급파했다.

침공하는 측은 스네에몬이 성에 몰래 들어오는 것을 알아내 그를 체포하고, 그의 품 속에 있는 문서를 보고 구원부대가 온다는 것을 알게 되었다. "스네에몬, 목숨은 살려줄 테니 성을 향해서 구원부대가 며칠 후에 올 것임을 알리러 왔다고 말해라"고 얼렀다.

스네에몬은 "잘 알겠습니다"라고 대답하고 동아줄에 묶인 채 성 초소 앞에 끌려나갔다. 그리고 성을 향해서 "이에야스공의 사자 스네에몬은 불운하게도 포로가 돼 버렸다. 이에야스공은 내일 구원 부대로 출진하실 작정이니 힘써 성을 지탱하기 바라오"라고 큰 소리로 외쳤기 때문에 그 자리에서 칼을 맞고 죽었다 한다.

나가하마 이노스케長浜猪之助 이야기.

검술은 몸을 내던져서 덤비지 않으면 안 된다. 상대도 그렇게 나오면 엇비슷해진다. 거기서 이기는 것은 신념이고 운이다. 또 잠자리를 남에게 보여서는 안 된다. 잠들어 조용한 때와 날이 밝아질 때가 중요하다. 이것을 명심해 두라는 것이다.

나쓰메 도네리夏目舍人의 이야기.

싸움터에 나갈 때에는 쌀을 자루에 넣어가지고 가라. 속옷은 너구리 가죽으로 하는 것이 좋다. 왜냐하면 이가 끓지 않는다. 장기 출진일 때에는 이가 몹시 끓어서 괴로움을 겪는다.

창으로 맞대고 싸울 때 적의 강약을 분별하는 방법은 머리를 숙이고 덤비는 자는 검게 보이고 강하다. 반면 고개를 쳐들고 덤비는 자는 희게 보이고 약한 것이다.

생사에 얽매이지 말 것.

무사된 자가 생사에 얽매이면 아무 구실도 못 한다. 만능일심萬能一心, 즉 "한 곳에 마음을 집중하면 무슨 일이든 이룰 수 있다"라는 말은 마음을 두고 한 말처럼 들리지만, 실은 생사를 초월하고 있음을 뜻하는 것이다. 그렇게 돼야만 비로소 무슨 공을 세울 수 있는 것이다. 무예는 생사에 구애받지 않는 길로 들어서는 인연에 불과한 것이다.

어떤 사람은 얼간이였지만 2천석이나 받고 있었던 일.

가로들이 가쓰시게공에게 "저런 얼간이에게 2천석이나 주고 계시다니 납득이 안 갑니다"라고 간언했다. 가쓰시게공도 그렇게 생각하고 있던 터이지만 "아버님께서는 어떻게 생각하고 계시는지"라고 되물으셨다.

그래서 나오시게공께 여쭈어 보니까 "어지간히 쓸데없는 소리들. 저 자가 지금보다 더 얼간이가 되어서 근무도 하지 못할 지경이 되면 천석쯤 더 얹어주려고 했는데, 남 못지 않게 일도 하고 초소에서 안내나 검문 등도 제대로 하고 있는 것 같아서 그냥 내버려 두고 있는 거지. 저 사내한테 주는 것이 아니야. 그 아비가 고생을 무릅쓰고 피투성이가 될 정도로 나를 돌봐 제 구실 할 수 있도록 해주었다. 아비에게 주는 녹이야"라고 말씀하셨다.

그 얼간이가 병들었을 때, 가쓰시게공은 나오시게공의 분부를 받고 하루 걸러 문병을 갔다. 중태에 빠졌다는 말을 듣고 "이 세상에서의 추억으로, 뭔가 바라는 게 있는가"고 물었다. 그러자 그 사람이 자리에서 일어나 나오시게공이 계시는 곳을 향해 절을 올리고 난 다음 "언젠가 다부세多布施에서 보여 주셨던 붉은 얼룩이 있는 매를 주신다면 손등에 올려놓고 죽고 싶습니다"라고 말했다.

이 일에 감동하시어 즉석에서 매를 하사하셨다. 그 사람은 감사하다는 말씀을 올리고 그날 죽었다 한다.

마음을 진정시킬 때는 침을 삼켜야 한다. 이것이 비결이다. 화가 났을 때도 마찬가지다. 볼에다 침을 바르는 것도 좋다. 요시다吉田 유파의 궁도에서도 가장 심오한 비결은 침을 삼키는 일이라고 나와 있다.

어느 대장의 말에 의하면 두목급 사무라이 이외에는 갑옷과 투구를 시험해 보려면 앞만 시험하면 된다는 것이다. 또 갑옷은 썩 좋은 것이 필요치 않지만 투구는 세심하게 신경써야 한다. 왜냐하면 자기의 목과 함께 적 쪽에 가는 것이기 때문이다.

적의 목을 떼어내면 작은칼로 머리의 매듭 마디 밑에 십자를 그어 놓는 게 좋다. 옛날 어떤 사무라이가 목을 떼어내고 그 증거로 어금니 세 개를 뽑아두었다. 그런데 다른 사무라이가 어금니 틈새에 표시를 해놓았기 때문에 다툼이 생겼는데 표시를 해둔 쪽이 이기게 되었다 한다.

이에야스공이 돌아가실 무렵 히데다다공에게 "내가 죽은 뒤 조처는 어떻게 할 것인지 서면으로 작성해서 보여다오"라고 분부하셨다.

히데다다공이 서면으로 올린 첫 조항에,

'여러 다이묘가 오랜 동안 에도에 체류한 데다 이에야스공의 병중 대기로 수고가 많았으므로 우선 휴가를 주어 휴식케 할 것'이라고 되어 있었다.

이에야스공은 이 한 조항을 보시고 "천하태평, 경사로다. 더 볼 필요 없다"고 말씀하셨다 한다.

나카노 진에몬中野神右衛門이 이렇게 말했다. “병법 따위를 배우는 것은 무익한 일이다. 눈을 감고 한 발이라도 밟고 들어가 치지 않으면 아무런 쓸모가 없는 것이다.” 이야나가 사스케彌永佐助도 같은 말을 하고 있었다.

히데요시공이 나고야에 출진했을 때 나베시마 모리미즈主水 나리가 나오시게공에게 모반을 권했었다. 그에 대해 나오시게공은 “히데요시를 치는 것은 어려운 일이 아니다. 하지만 오래 가지 못해. 또 3국을 다스린다는 것도 쉬운 일이 아니다. 10대나 계속해서 통치한다는 것은 참으로 어려운 일일 거야. 1국만이라면 오랜 동안 지탱할 수 있겠지만”이라고 말씀하셨다.

나쓰메 도네리가 전투에 관해서 한 말.

“근래의 군을 봐라. 장기전일지라도 피비린내 나는 싸움은 한두 번 정도인 거야. 마음을 놓지 말아야 한다”라고 말했다 한다. 도네리는 가미가타의 낭인이다.

후쿠오카의 구로다 미쓰유키黑田光之 나리가 매 사냥을 나간 뒤 미자에몬이 성에 들어가, 경계를 굳게 하고 있었다. 미쓰유키 나리가 밤이 이슥해진 뒤에 돌아왔는데 미자에몬이 문을 열어 주지 않았다. 미쓰유키 나리가 직접 나서서 꾸짖었는데도 미자에몬은 "다이묘라는 지체 높으신 어른이 이맘 때 돌아오실 리가 없습니다. 어떻든 날이 밝지 않으면 문을 열 수 없습니다. 성문 당직은 미자에몬이 맡고 있습니다"라고 버티어 결국 날이 밝은 다음에 문을 열었다.

그리고 급히 내전에 들어가 "측근에서 섬기고 있는 스기하라 헤이스케杉原平助는 발칙한 놈이다. 대체로 다이묘란 자기 하고픈 대로 하시려는 경향이 있다. 그런 일에 신경을 쓰도록 중임을 맡긴 것인데, 매 사냥에 열중하시어 야밤에 돌아오시도록 한 것은 불찰이므로 단죄한다"고 말하고 스기하라 헤이스케에게 할복을 하명했다.

처형장에 관해서.

나그네들의 왕래가 많은 곳에 처형장을 두는 것은 좋지 않다. 에도나 가미가타에서의 공개적인 처형은 온 일본의 본보기로 삼기 위해서 하는 것이다. 그러나 한 나라(각 지방 國을 말함)의 처형은 그 나라의 본보기에 불과한 것, 나쁜 일이 많은 것은 나라의 수치다. 다른 나라들이 어떻게 보겠는가. 죄인도 세월이 흐르면 그 죄상도 알 수 없게 된다. 나쁜 짓이 밝혀지면 그 자리에서 처벌하는 것이 좋다는 얘기다.

미즈노 겐모쓰水野監物를 보고, 마쓰다이라 이즈노가미松平伊豆守님이 "귀하는 주군에게 보람을 주는 사람이긴 한데 유감스럽게도 키가 작아"라고 말했다. 겐모쓰는 "그렇습니다, 세상사 뜻대로 안 되는 것이더군요. 귀하의 목을 잘라서 내 발 밑에 덧대면 키도 커 보이겠지만 그렇게는 안 되겠지요"라고 대답했다 한다.

어느 사내가 사가 근방 야에八戶宿라는 곳을 지나는데 갑자기 복통이 일어났다. 급한 나머지 변소를 빌려 쓰려고 뒤편 집으로 뛰어 들어갔다. 그 집에는 젊은 여자 한 사람이 있었는데 변소는 안쪽에 있다고 한다. 어쩔 수 없이 하카마를 벗어서 그 집에 둔 채 변소에 들어갔다. 마침 그때 바깥주인이 돌아와 하카마를 보고 밀통했다는 혐의로 제소하게 되었다.

"밀통은 안했다손치더라도, 여자 한 사람밖에 없는 데서 사려없이 하카마를 벗었거니와 여자 또한 남편도 없는데 낯모르는 사내로 하여금 하카마를 벗게 한 것은 밀통에 버금가는 행위이다"라는 것으로 남녀 모두 사형이 언도되었다.

호타 가가노모리님이 돌아가신 이에미쓰공의 뒤를 좇아 순사했을 때, 그가 이에미쓰공과 호모 관계에 있었다는 이유로 속살을 보여서는 안 된다며 할복할 때에도 속살을 드러내지 않았다 한다.

오토모 하치로大友八郎(나오시게의 공격을 받아 전사)의 칼은 비젠 가네미쓰備前兼光가 만든 2자 9치의 것이었다. 나오시게공이 시험삼아 베어보라고 시켰지만 잘리지 않았다. 그래서 그 칼을 나루토미 주에몬 시게야스成富十衛門茂安에게 내려주셨는데, 시게야스가 2자 5치로 깎아서 써보니까 비길 데 없이 잘 드는 칼이 되었다 한다.

전해오는 고사에 의하면 대장의 칼은 적의 손에 넘어갔을 때 그냥 그대로는 들지 않고, 고쳐 쓰면 본래와 다름없이 된다는 것이다.

이 칼은 에도에서 불을 만나 화기가 스몄기 때문에 은 1천매에 팔렸다. 후에 구로다 나가마사黑田長政가 5백매를 주고 가네미쓰가 만든 칼을 구했다고 하는데, 아마 그 칼이 아니겠느냐라는 말이다.

주군에게 큰일이 닥쳤을 때 부하인 이상 누군들 주군 대신 목숨을 내놓지 않을 사람이 있을까만은, 미리부터 그런 각오를 가지고 있는 사람은 흔치 않다. 미리 각오를 하고 있던 사람은 그런 때에 으레 가장 먼저 나서고, 남에게 앞자리를 내주지 않는다.

요시쓰네의 부하 사토 쓰구노부佐藤繼信는 오슈奧州를 나설 때 처자를 향해서 "우리 주군께서 대전에 참전하시게 되었소. 목숨이 위태로울 경우도 있을 것인 즉, 그때에는 내가 대신 나설 작정이오"라는 말을 남기고 이별했다.

야지마屋島 전투에서 요시쓰네가 위태로울 때 대신 목숨을 바쳐 후대에까지 이름을 남겼다. 요시쓰네의 이름 있는 부하들로서 목숨을 아낄 사람은 없었을 테지만, 미리부터 각오를 하고 있었던 쓰구노부를 앞선 사람은 하나도 없었다.

미리 각오를 하고 있는 사람이 하나도 없대서야 안타까운 일이다. 그러니까 미리 각오를 정해 놓고 성실히 섬기지 않으면 안된다. 쓰구노부야말로 부러운 사무라이다.

적의 성이 튼튼한가 약한가를 식별하는 방법은 "연기나 안개 속에 봄의 산을 보듯, 비개인 뒤에 맑은 하늘을 보듯이"라는 말이 있다. 맑아 보이는 성은 약하다.

명장은 거꾸로 말하는 수도 있다. 그러므로 가볍게 흘려 들어서는 안 된다.

젊은 후계자의 기량이 뛰어나면 부하들이 자꾸 칭찬해대고, 다른 다이묘나 중신들도 치하하는가 하면, 드나드는 사람들조차 젊은 나리에게 추종의 뜻을 표시하기 위해 칭송하게 되므로 언제부터인가 나리와 젊은 나리 사이에 괴리가 생긴다. 그렇기 때문에 젊은 나리는 될 수 있는 대로 겉으로 나서지 말고 좋건 궂건 간에 무슨 소문이 나지 않도록 삼가는 것이 온당할 뿐만 아니라 가의 무궁한 발전에 바탕이 되는 것이다.

겉보기에 영리한 척하는 사람은 좋은 일을 해도 눈에 띄지 않는다. 남들이 다 하는 일을 하고 있으면 좀 모자란다고 생각한다. 보기에 얌전한 사람은 약간 좋은 일을 해도 남들이 칭찬하는 것이다.

신겐의 부하는 뛰어난 용사들이었지만 가쓰요리勝頼가 덴모쿠산天目山에서 전사했을 때 모두 도망쳐 사라지고 말았다. 수년간 냉대를 받고 있던 쓰치야 소조만 남아 "평소 큰소리만 쳐대던 무리들은 어디로 갔단 말인가… 주군의 은혜를 갚아야지"라며 혼자서 싸우다 죽었다고 한다.

야마무라 주자에몬山村十左衛門이 나가사키 가이번역開番役(외국인 무역 관할 책임자)일 때 나가사키 전역이 화재로 소실되어 버리고 시민들은 굶주리게 되었다. 주자에몬은 자기 독단으로 쌀 창고 문을 열어 쌀을 모조리 방출해서 시민들에게 나누어주었다. 그리고 이 일을 위에 보고했던 바 포상으로 녹을 20석 더 받게 되었다. 이 늘어난 녹은 고자에몬小左衛門에게 나누어주었다.

말을 할 때 무엇보다 중요한 것은 말을 아끼는 것이다. 되도록이면 안 하는 게 좋고, 안 하겠다고 마음먹으면 한 마디도 안 하고 끝낼 수 있다. 어쩔 수 없이 말해야 한다면 말수를 적게, 조리있게 해야 한다. 함부로 입을 놀렸다가 창피를 사고 남들이 고개를 돌리는 일이 흔히 있다.

수행자는 숨쉬는 사이에도 부처를 잊지 않기 위해 염불을 외우는 것이다. 신하도 주군을 생각하기를 수행자처럼 했으면 좋겠다. 주군을 잊지 않는다는 것을 사무라이로서 가장 중요한 일로 삼지 않으면 안 된다.

임종 때 멋지게 생을 마감하는 자는 걸물이다. 그 예도 많다. 평소 큰소리치고 있던 자가 죽음의 자리에서 흐트러진 꼴을 보이는 것은, 참다운 용사가 아님을 드러내는 것과 같은 것이다.

선대 야마모토 진에몬이 하신 말씀이다. "계집이 글씨를 잘 쓰고 대중소설 따위나 읽으면 밀통한다. '된장 청하는 글'이라는 말이 있는데, 어버이에게 된장을 얻고자 할 때 편지를 쓸 수만 있다면 그 이상 글씨를 잘 쓸 필요가 없다."

나쁜 잠버릇을 고치는 일.

남자는 왼편을 아래로 하여, 예부터 전해오는 길상吉祥 잠자리대로 손발을 놓고, 엄지손가락을 손안에 꼭 쥐고 잘 것. 주의를 게을리하지 않기 위한 방법이다.

모든 사람은 주군께 마음으로부터 복종하고 동료들과 서로 친하게 지내는 것이 중요하다. 이렇게 하는 방법이 있다. 설혹 주군이나 동료들에게 나쁜 점이 있더라도 거기에 이유를 달아 칭찬해 주기만 하면 되는 것이다. 이러쿵저러쿵 결점이나 오점이 있다는 말을 들으면 그만큼 격의가 생기게 마련이다. 인간이란 단순한 것이어서 변하기 쉽다. 좋은 점이 있다는 말을 들으면 그것만으로 친근감을 갖는다. 사람들이 주군을 신뢰하고 동료들과 친하게 지내도록 하는 것이 어려운 것처럼 보이지만, 단 한 사람만의 힘만으로도 분명히 할 수 있는 일이다.

벼락 출세한 사람이 족보를 꾸민다든가 문장紋章을 바꾸기도 하는데 그것으로 인물의 됨됨이를 알 수 있다. 선조의 일을 소중히 하려는 뜻이라면 조용히 기록해서 간직해 두어야 할 것이다. 문장, 개명, 가문의 성, 낙관, 필적 등 그 밖의 모든 것을 지나치게 눈에 띄게 하는 것은 좋지 않다. 무슨 일이든 있는 그대로 해두겠다 생각하면 그것으로 아무 탈 없이 끝나는 것이다.

야규류柳生流의 비법에 "뛰어난 강용엔 병법이 없다"는 격언이 있다. 그 좋은 예가 되는 일화가 있다.

야규 다지마노가미但馬守 가문에 어떤 고급 무사가 와서 제자가 되고 싶다고 했다. 그래서 다지마 나리가 "귀하는 일류에 달한 사람으로 보이는데, 무예의 격을 알아보고 나서 사제 계약을 하려 하오"라고 하자 그 사람은 "무예는 한 번도 연습을 해본 적이 없습니다"라고 대답했다.

"그렇다면 나를 농락하려고 왔단 말인가. 쇼군가의 무술 지도를 맡고 있는 사람의 눈을 속일 셈이란 말이오"라고 다그치자, 그는 하늘에 맹세코 거짓말은 안 한다고 한다.

"그럼 뭔가 깨달은 바도 없단 말이오"라고 다시 물은 즉, "어린 시절 무사는 목숨을 아끼지 말아야 한다는 것이 문득 떠올라 수년간 끊임없이 마음을 쏟은 결과 깨닫게 되었고, 지금은 죽는다는 것을 아무렇지도 않게 생각하게 되었습니다. 이것밖에는 깨달은 게 없습니다"라고 대답했다.

다지마 나리가 감탄하며 "내 눈이 틀리진 않았군. 병법의 비법은 그거 하나야. 이제까지 많은 제자가 있었지만 비법을 전수받은 사람은 아무도 없었다. 귀하는 목도木刀를 잡을 필요가 없소. 비법을 전수해 주겠소"라며 자격 인증서를 수여했다 한다. 무라카와 소덴村川宗傳의 말이다.

반드시 죽는다는 생각을 날마다 되새겨야 한다. 매일 아침 심신을 진정시킨 다음 활, 총, 창, 칼 등에 갈기갈기 찢기고, 큰 파도에 휩쓸리고, 큰 불 속에 뛰어들고, 벼락을 맞고, 대지진에 휘말리고, 수천길 낭떠러지에서 몸을 던지고, 병사, 급사 등 죽을 때의 심경을 상상하면서 매일 아침 빠짐 없이 죽어두는 것이다.

나이 드신 어른들의 말씀에 "집을 나서면 죽은 사람 속에, 문을 나서면 적과 마주친다"는 말이 있다. 이것은 방심하지 말라는 뜻이 아니다. 끊임없이 죽음을 각오하고 있어야 한다는 뜻이다.

도요토미 히데요시공은 말단 직에 있을 때, 동료들이 모두 잠든 뒤 일본의 주인이 되었을 때 천하를 어떻게 다스릴 것이며 여러 사람에 대한 봉록 배당은 어찌 할 것인지를 매일 밤 글로 써서 준비하셨다 한다.

주군에 대한 충절은 두 말할 것도 없고, 동료들에 대하여 친절을 베풀 때 어설픈 기분으로 했다간 도리어 원수가 되는 경우가 있다. 그런 때 어떻게 해야 하는 것인지에 대해서 다케다 신겐의 글에 "충절을 다하고도 불만을 갖게 되거나 그 불만이 모반으로 이어진다든가 하면 모반이 결국 몸을 망친다"라는 훈계가 적혀 있다.

남 못지 않은 충절을 다하겠노라고 뼈빠지게 노력했지만 주군에게서 포상도 못 받고 상하의 견해 차이로 말미암아 오히려 결과가 안 좋게 되면, 결국 불만을 품어 회의가 생겨서 반발심을 일으키게 된다. 애초부터 충성심마저 없는 사람이라면 반발도 없을 것이므로 이에 비하면 더 못한 것이 된다.

동료들에 대한 친절도 마찬가지다. 친절을 베풀어주어도 별로 고맙다는 말도 안 하는가 하면 결국에는 마땅치 않게 여기게 되어서 물정을 모르는 놈이라고 외면당하고 나중에는 사이가 틀어져 친절을 베풀지 않으니만 못한 결과를 초래한다.

그러기에 처음의 각오가 중요한 것이다. 포상이 없더라도 원망하지 않고, 무슨 일이 있어도 충의를 다하며 남에게 친절을 베풀어도 감사는커녕 엉뚱한 해석을 해서 반대로 원한을 품는 사람이 있더라도 조금도 불쾌하게 생각지 않고, 더욱 더 친절을 베풀어 남에게 도움이 되어야겠다는 생각을 가져야 할 것이다.

모든 사람을 위해서 한 일이더라도 자기가 한 일로 소문나지 않도록 하고, 주군 모르게 섬겨 받드는 것이 진짜다. 그에 대한 보답이 있을 때에는 그 뜻에 감사하겠다고 명심하고, 원수는 은혜로 갚으며 은덕을 쌓고 보답을 바라지 말아야 한다.

지나치게 출세가 빠르면 사람들이 적으로 돌아서게 되고 그 지위도 오래 가지 못한다. 출세가 늦는 사람에 대해서는 모두가 편이 되어주는 것이므로 그런 분위기 속에서 이룬 출세라야 장래가 보장되는 것이다. 요컨대 출세가 늦거나 빠르거나 남들이 납득하는 것이라면 위태롭지 않다. 그보다는 여러 사람이 그 사람의 출세를 재촉하듯 할 때 이루어지는 것이 가장 멋진 출세이다.

사람은 단호하게 서겠다는 마음가짐이 없으면 쓸모가 없다. 남들에게 짓밟혀 흐리멍텅하게 일생을 마친다는 것은 분한 일이다. 참으로 인생은 일장춘몽이다. 결연한 인생을 살고 죽었으면 한다. 여기까지 생각이 미치는 사람은 흔치 않다. 속인도 출가승도, 지금 아무개, 누구누구가 가로와 도시요리가 되어 주군을 모시고 있고 또 어떤 스님, 어느 스님이 일파를 이루고 있는 것을 보고 "그도 사람이지 귀신은 아닐 터. 나도 사람이거늘 내가 그들에게 뒤질 이유는 없다. 만약 누구누구보다 나은 사람이 되지 못한다면 배를 가르고 죽어야지"라며 우뚝 선다면 그것만으로도 한 단계 위에 서는 것이 된다. 그럭저럭 나이만 더 먹은 다음에 하면 뒤처진다. 한번 마음먹으면 바로 행동에 옮기는 것이다.

이렇게 돌파해 나가지 못하고, 결심을 해도 이런 저런 사정이 생겨서 해결 안 되는 일도 있다. 그런 때에는 "흔들리는 털도 자르는 명도名刀를 가지고 어찌 닥치는 것을 자르지 못할손가"라는 명구 같은 것을 마음에 새겨두는 것이 좋다.

나이 많은 사무라이가 한 말.

늘어진 콧수염을 깎아 버리면 전투에서 목을 자른 증거로 코나 귀를 잘랐을 때, 그 목은 남녀 구별이 안 된다. 늘어진 수염이 없는 목은 여자의 목으로 간주되어 버려진다. 수염을 길러두는 것은 죽은 뒤에도 목이 버림받지 않도록 하기 위한 대비가 되는 것이다.

여인숙에서는 먼저 뒷문, 막다른 곳, 변소 등을 알아 놓고 화재 등 유사시 탈출할 곳도 대충 알아둔 다음 집안의 구조, 벽, 천장, 마루, 문, 장지문, 툇마루, 다다미 등에 이르기까지 살펴두지 않으면 안 된다. 이중 벽이라든가 마루판을 떼어낼 수 있게 되어 있지는 않은지, 또 벽걸이의 뒷벽에 구멍이 있어서 밤이 깊어지면 도둑이 들어올 염려는 없는지도 살펴 두어야 한다. 그 중에서도 나리의 숙소에 신경을 써야 한다. 사건이 일어나 뒷북치는 꼴이 되지 않도록 해야 한다.

마쓰다이라 야마토노가미松平大和守 나리 댁에 쓰네시게공을 비롯해 여러 손님이 모였다. 하타모토 출신인 노인 기타미 구다유北見久太夫 님도 자리를 같이하셔서 전투 얘기 등으로 환담이 벌어졌다.

밤이 깊었을 때, 술병을 들고 있던 심부름꾼이 발에 걸려 넘어질 뻔하다가 구다유님의 무릎에 술을 엎질렀다. 당황한 나머지 얼굴이 홍당무가 되어 버렸다. 다른 심부름꾼이 나와서 구다유님을 옆방으로 데리고 가 옷을 갈아입히고 뒷정리를 했다.

나중에 취조를 해보니까 고령이신 분이 오래 앉아 있다 보니 그만 앉은 채 오줌을 흘려 새어나고 있었기 때문에, 일부러 술을 쏟아 감춰드리기 위해 한 짓이었음이 밝혀졌다. 그 심부름꾼에게는 포상이 있었다 한다.

남자아이 기르는 법은 용기를 북돋아주고 어릴 적부터 어버이를 주군으로 생각해서 일상의 예의 범절, 시중드는 법, 인사하는 법, 참고 견디는 것, 길을 걷는 방법까지도 터득케 하라. 나이 많은 무사가 그렇게 했었다 한다. 게으름을 피웠을 때에는 꾸중을 하고 하루 종일 굶기는 것이 좋은데, 이것도 섬기는 예습이 되는 것이다.

여자는 어릴 때부터 첫째가 정절임을 가르치고 남자와는 6자 이내에 접근하지 말 것, 눈을 마주치지 말 것, 주는 물건을 함부로 받지 말 것, 구경이나 꽃놀이 그리고 절 참배 같은 것도 시켜서는 안 된다. 집에서 엄하게 버릇을 들여 고생을 시켜놔야 시집을 가도 마음이 흐트러지지 않는다.

하인을 길들이는 방법은 상벌을 확실히 하는 것이다. 시킨 일을 어떻게 했는지 확인하지 않고 느슨하게 대해 주면 제멋대로 굴다가 나중에는 못 쓰게 된다. 주의해야 할 일이다.

큰 일을 하려면 작은 일을 돌아보지 말라. 즉 대大를 위해 소小를 버리라는 말이 있다. 섬기고 받드는 일에 있어서 둘도 없는 충절을 다하면, 다른 일은 대충대충 하거나 더러는 제멋대로 장난질을 하더라도 눈감아 준다. 무엇이든 결점 없이 완벽한 것이란 오히려 보기 딱한 면이 있다. 어쩌면 중요한 부분이 소홀해지는 것이다. 큰 일을 하는 사람은 여유가 있어야 된다. 남에게 대의大義가 있을 때에는 사소한 실수 따위를 가지고 고시랑고시랑하지 말아야 한다.

천하와 국가를 다스린다는 것은 나로서는 힘이 미치지 않는 일이다. 대단한 일처럼 보이지만, 지금 천하의 로쥬老中나 우리 가의 도시요리 무리들의 일도 이 암자에서 얘기한 테두리를 벗어나는 것은 아니다. 이것으로 훌륭히 다스려 갈 수 있는 것이다.

그러나 지금의 가로들, 도시요리 무리들을 보건대 어쩐지 불안하고 안타까운 데가 있다. 나베시마 가의 전통, 업적 등을 모르고, 옳고 그름도 가리려 하지 않으며 단지 타고난 재주만을 믿고 일을 처리하려 하는가 하면 모두가 설설 기면서 황공하옵나이다 소리만 하고 있으니 자만과 사욕이 생기는 것이다.

이렇게 쓰네토모 선생은 말씀하셨다.

1716년 9월 10일

해설

〈하가쿠레〉와 쓰네토모의 일생

야마모토 쓰네토모山本常朝는 만지萬治 2년(1659년) 야마모토 진에몬의 2남 4녀 중 막내로 태어났다. 1659년이라 하면, 세키카하라 전투에서의 승리로 도쿠가와 이에야스가 패권을 잡은지 59년째 되는 해로, 도쿠가와 막부가 4대째 쇼군을 맞으며 정권을 확고히 하고 있을 때였다. 그야말로 연표에 실릴 만한 이렇다 할 사건도 없는 태평한 시기였다.

쓰네모토는 그 아버지가 70세의 고령에 낳은 자식이었다. 그 때문인지 어려서부터 병치레가 잦고 생기가 없어 의사가 보기에 20세를 넘기게 될지 걱정되는 아이였다. 그의 부친도 남의 눈이 부끄러웠던지 소금 장수에게 줄까 했는데 주변의 만류로 마음을 고쳐먹었다고 한다.

9세때 나베시마 가의 2대 번주 미쓰시게의 고조小僧(심심풀이 상대)

로 차출되어 젊은 후계자와 어울리는 장난꾸러기였고, 13세때 고쇼小姓(주군 곁에서 잡무를 맡은 무사)로 나섰다. 이때 번주가 영리한 얼굴을 싫어한다는 말을 듣고 1년간 거울을 보며 멍청한 모습으로 바꾸었다고 한다.

20세에 주군의 문서를 담당하는 무사가 되었지만, 그가 젊은 후계자 쓰네시게의 노래 상대를 했다는 것이 화근이 되어 번주로부터 해임당하고, 녹을 받지 못하고 빈둥거리는 낭인이 되어야 했다.

그 무렵 쓰네토모는 단넨 스님을 찾아다니다가 불도를 익혀 출가를 할까 고민하고 있었다. 그것을 걱정한 동료들이 힘을 써서 번으로부터 다시 녹을 받게 되었지만, 번주를 측근에서 모신 적도 있고 재능도 출중한 그로서는 보잘 것 없는 처우였다. 그 무렵은 평화가 정착된 시기여서 일반 무사는 아무리 재능이 있고 노력을 해도 출세가 어렵고 녹봉도 늘지 않는 어려운 시대가 되어가고 있었다.

24세 되던 해 혼인을 하고, 28세 때 에도에 불려가 문서 담당으로 일했고 이어서 교토 근무를 명령받아 마치 앞날에 서광이 비치는 듯했다. 그런데 이듬해 조카(라고 하지만 20세 연상)가 실화의 책임을 지고 할복하는 바람에, 쓰네토모도 파직당했다가 곧 복직되었다.

33세때, 주군의 명으로 진에몬神右衛門의 이름을 계승한다. 이 무렵 쓰네토모는 최대의 충절은 주군에 간언하여 나라를 잘 다스리는 것이라고 확신하고 가로家老(에도시대 다이묘를 통괄하는 중신)가 되어야겠다고 마음먹는다.

그의 나이 37세 때, 2대 번주 미쓰시게가 은거하고 쓰네시게가 3대 번주가 된다. 이듬해 쓰네토모는 교토 근무를 명 받는데, 이것은 은거함으로써 누구의 방해도 받지 않고 가도歌道에 몰두하게 된 미쓰시게를 보좌하는 역할이었다. 이미 쓰네토모로서는 출세 코스에서는 벗어난 셈이었다.

〈하가쿠레〉 내용 중에 "예藝가 사람을 돕는다는 것은 다른 나라 무사의 말이다. 나베시마 가의 무사는 그 사람을 망치게 한다. 무슨 예이건 한 가지에만 빠지는 것은 게이샤(기생)이지 사무라이가 아니다"라고 했듯이 그의 깊은 탄성이 묻어나오는 대목이다. 젊은 후계자의 노래 상대를 한 시재詩才 때문에 문책당하고 또 그 문재文才 때문에 번주 미쓰시게의 총애를 받게 된 아이러니컬한 인생이었다.

1700년, 쓰네토모는 어떤 불길한 예감으로 가슴이 두근거려 가도歌道의 근본서라 일컫는 〈고금전수〉古今傳授 한 짐을 짊어지고 급히 달려가보니 미쓰시게가 병상에 누워 있었다. 그리고 그 책을 받은 지 15일째 주군은 세상을 떠났다.

미쓰시게로부터 침구와 이불을 하사받았을 때 "그 요를 깔고 이불을 뒤집어쓰고 나리의 뒤를 좇아 할복할 만큼 감읍했었다"며 충의를 나타냈던 그였지만, 그 무렵 순사殉死가 금지되어 있어서 쓰네토모는 출가를 청원하여 긴류산金立山 기슭에 은거해 살기 시작했다.

그로부터 10년 후인 호에이寶永 7년(1710) 그의 나이 52세때 다시로 쓰라모토田代陣基의 방문을 받았다. 그리고 구술을 받아 적기 시작하여 1716년 〈하가쿠레〉를 탈고했다. 쓰네토모의 나이 58세 때였다. 그후 3년 후인 1719년, 쓰네토모는 61세의 나이로 세상을 떴다.

쓰네토모는 야망을 가졌지만 뜻을 이루지 못한 인물이었다. 곧고 섬세한 성격이었고 극기심이 강했으며, 20세까지 살지 못할 거라는 병약한 체력을 섭생과 단련으로 바꾼 놀라운 정신력의 소유자였다.

〈하가쿠레〉에서는 끊임없는 자기수양과 인간으로서의 도리 등을 중시하는 그의 사상이 잘 드러나 있다. 출가를 동경했듯이 불교적인 색채가 배어 있기도 하다. 그리고 〈우견집〉愚見集 등 기타 저작을 남긴 것으로 보아 문학적 재능도 풍부한 것 같다.

그러나 한편으로는 그의 아버지가 아직 어린 아들의 귀에 대고 "이담에 자라서 큰 거물이 되어라"라고 수시로 불어넣었던 영향 때문인지, 문학으로 기울려고 하는 자신을 억제하고 거물이 되고자 했던 자신 사이에서 갈등이 많은 청년이었을 것이다. 그리고 가이샤쿠介錯를 거뜬히 해내는 무사인 그가 얻은 일이라야 고작 은거한 주군의 상대역이었다. 비록 큰 꿈을 이루는 일과는 거리가 멀었지만 쓰네토모는 목숨을 걸고 주군을 모셨다.

그렇지만 문득 문득 허무함이 흘러나왔을 것이다. 이미 세상은 안정을 찾아 진정한 무사를 필요로 하지 않았고, 어느새 무사들은 관료화되어 개인의 개성을 잃어가고 있었다. 무사에게서 무사도를 찾아볼 수 없고 오직 이해타산과 물욕, 색욕에 관한 얘기에만 흥미를 갖는다. 이러한 개탄스런 세상사를 환기시켜 보려고 예전의 무사도를 일깨우면서 쓴 쓰네토모의 정신적 궤적이 바로 〈하가쿠레〉라고 할 수 있다.

"의학에서도 남녀의 맥脈에 차이가 있는데, 최근 남자와 여자의 맥이 같아져 버렸다. 세상사가 말세가 되어 남자의 기력이 쇠퇴해서 여자처럼 되어버리고 말았다는 생각이 든다"라고 개탄하는 부분에서는 300년이 지난 지금도 공감되는 것이 흥미롭다.

역사는 돌고 돈다. 그리고 과거를 돌아보면 현재가 보인다. 봉건시대의 "인간의 도리"를 살펴보면 우리가 잃어가고 있는 것이 무엇이며 찾아야 할 것이 무엇인가를 알 수 있다.

〈하가쿠레〉를 구술한 뒤 쓰네토모는 "이 11권의 글은 언젠가는 반드시 태워버려라"고 했다. 세상의 풍조, 인간의 도리, 무사도에 관한 얘기 등을 적었지만 혹시라도 세상사람들이 "이루지 못한 꿈을 한으로 풀어냈다"고 생각할지 모른다는 우려에서였다. 그만큼 쓰네토모는 눈곱만큼의 오점도 용납치 않은 깨끗한 사무라이였던 것이다. (*)